城市轨道交通机械设备管理规范
——轨道车司机班组管理标准

中铁电气化局集团有限公司城铁公司　组编

北京交通大学出版社
·北京·

内 容 简 介

本书内容根据国家铁路局、国铁集团的有关规定、标准，结合中铁电气化局集团有限公司城铁公司机械设备（轨道车、接触网作业车）管理实际和铁路轨道车、接触网作业车司机基本作业情况编制。

本书主要内容包括轨道车司机班组标准化管理和轨道车司机作业标准两部分，另附 5 个附录，适用于轨道车司机班组标准化建设和轨道车（含接触网作业车）司机、副司机的各种乘务作业，对企业内班组标准化管理和轨道车司机、副司机的乘务作业具有规范和指导作用。

图书在版编目（CIP）数据

城市轨道交通机械设备管理规范：轨道车司机班组管理标准 / 中铁电气化局集团有限公司城铁公司组编；潘义红主编. —北京：北京交通大学出版社，2020.7

ISBN 978-7-5121-4225-1

Ⅰ. ① 城… Ⅱ. ① 中… ② 潘… Ⅲ. ① 轨道车–设备管理–管理规范–中国 ② 城市铁路–接触网–设备管理–管理规范–中国 Ⅳ. ① U216.61–65 ② U239.5–65

中国版本图书馆 CIP 数据核字（2020）第 111302 号

城市轨道交通机械设备管理规范——轨道车司机班组管理标准
CHENGSHI GUIDAO JIAOTONG JIXIE SHEBEI GUANLI GUIFAN —— GUIDAOCHE SIJI BANZU GUANLI BIAOZHUN

责任编辑：陈跃琴	
出版发行：北京交通大学出版社	电话：010–51686414　　http://www.bjtup.com.cn
地　　址：北京市海淀区高梁桥斜街 44 号	邮编：100044
印　刷　者：艺堂印刷（天津）有限公司	
经　　销：全国新华书店	
开　　本：185 mm×260 mm　印张：8　字数：200 千字	
版　印　次：2020 年 7 月第 1 版　　2020 年 7 月第 1 次印刷	
印　　数：1～4 000 册　定价：48.00 元	

本书如有质量问题，请向北京交通大学出版社质监组反映。对您的意见和批评，我们表示欢迎和感谢。
投诉电话：010–51686043，51686008；传真：010–62225406；E-mail：press@bjtu.edu.cn。

本书编委会

前　言

　　本标准根据国家铁路局、国铁集团有关规定、标准，结合中铁电气化局集团有限公司城铁公司机械设备（轨道车、接触网作业车）管理实际和铁路轨道车、接触网作业车司机基本作业情况编制。本标准适用于轨道车司机班组标准化建设和轨道车（含接触网作业车）司机、副司机的各种乘务作业，本标准是企业管理标准，对企业内班组标准化管理和轨道车司机、副司机的乘务作业具有规范和指导作用。

　　本标准未尽事宜按有关规定或标准执行。

　　本标准的附录为规范性附录。

　　本标准由中铁电气化局集团有限公司城铁公司提出、组织编写并归口，衡水铁路电气化学校和中国铁路北京局集团有限公司衡水供电段参与编写。

目 录

第 1 部分

轨道车司机班组标准化管理

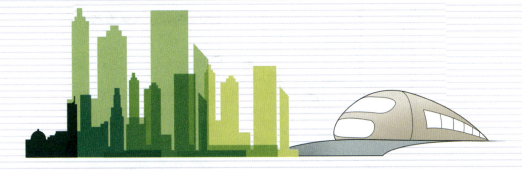

1 班组建设

1.1 班组标准化建设

1.1.1 调度指挥中心根据工程项目机械设备数量、设备型号、机械操作人员人数等，拟发"关于成立××项目机械班组的通知"，通过广讯通走流程下发文件。如图1.1所示。

图1.1

1.1.2 公司为新建工程项目组织机械班组长选拔竞聘，在职员工填写班组长竞聘自荐书。通过初选后，按照公司下发的竞聘时间，进行面试考核。如图1.2所示。

图1.2

1.1.3　公司管理部门开会研究，根据员工班组长竞聘自荐书、标准化作业是否触犯"红线"管理办法、具备一定的维修业务能力，对竞岗员工进行讨论，初步审核。如图 1.3 所示。

图 1.3

1.1.4　理论考试是针对竞聘员工的一项摸底考核。班组长应具有一定的专业技能、业务知识，熟练掌握各机械设备的工作原理及操作驾驶技能，所以对初步审核通过的竞聘人员安排一次理论考试。如图 1.4 所示。

图 1.4

1.1.5 通过理论考核后，公司组织对竞聘人员进行面试。竞聘人员先简单地做个自我介绍，然后再回答以下问题：为什么想成为班组长？知道班组长的职责是什么吗？你的优缺点是什么？是否适合成为班组长？成为班组长后，你要如何起带头作用？如图1.5所示。

图1.5

1.1.6 通过面试后，公司组织对竞聘人员进行计算机基础操作考试和事故案例分析。竞聘班组长的员工要在计算机上根据事故案例的主要经过对事故进行分析定责，分析出事故原因、事故责任人，得出结论，并提出预防事故发生的措施建议。如图1.6所示。

图1.6

1.1.7 经过初选、理论考试、面试、计算机基础操作考试和事故案例分析考核后，成绩优异者竞岗成功，由调度指挥中心宣布班组长人员名单。新项目开工后，这些员工优先上岗。如图 1.7 所示。

图 1.7

1.1.8 成立机械班组后，班组长对机械操作人员进行现场选拔。通过班组长的考核后，由班组长向调度指挥中心上报操作人员名单。如图 1.8 所示。

图 1.8

1.2 设备进场

1.2.1 调度指挥中心和项目经理沟通，了解设备进场时间、使用期限、操作人员数量，双方签订机械设备租赁合同。如图 1.9 所示。

图 1.9

1.2.2 调度指挥中心根据班组长上报人员名单，通过广讯通下发"关于成立 ×× 机械班组的通知"。班组长接到通知后，通知班组人员按时到达项目部。如图 1.10 所示。

图 1.10

1.3 操作人员进场

1.3.1 人员进场前，由班组长负责联系工程项目机械主管安排机械操作人员的食宿、办公、交通等问题，对设备进场时间、工程概况、具体线路情况等进行了解，做好施工前的相关准备工作。如图 1.11 所示。

图 1.11

1.3.2 班组长在项目部同事的安排下，熟悉住宿环境、食堂用餐情况等。如图 1.12 所示。

图 1.12

1.3.3 新员工到达前，班组长需要向项目部综合管理部门提前打招呼，通报入职人员数量，便于提前安排宿舍、被褥、洗漱用品等。员工到站后，由班组长统一安排接站，办理入职手续。如图 1.13 所示。

图 1.13

1.3.4 各工程项目机械班组进场后，要及时建立机械人员台账资料，包括机械人员基本信息、驾驶证复印件等具体资料信息，并根据人员变动情况及时更新，保证机械操作人员信息齐全、正确。如图 1.14 所示。

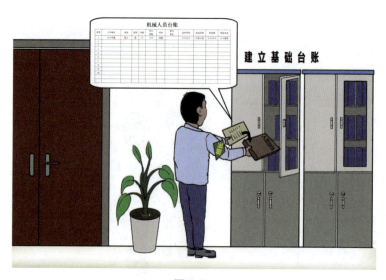

图 1.14

1.3.5　调度指挥中心根据工程项目机械设备需求时间，通过广讯通下发"关于机械设备调拨的通知"，内容包括机械设备管理号、操作人员名单、报到时间等。如图 1.15 所示。

图 1.15

1.3.6　新开工程项目，由项目安质部组织机械操作人员进行岗前三级安全培训和技术交底工作，重点对轨行区管理办法、标准化作业程序、日常安全注意事项等进行培训。如图 1.16 所示。

图 1.16

1.4 安全生产用品发放

1.4.1 劳保用品是保护现场操作人员安全作业的基本保障，各班组要严格落实劳保用品的及时发放工作，由班组长为新入职员工发放安全帽、防护服，工作鞋等劳保用品。如图 1.17 所示。

图 1.17

1.4.2 劳保用品发放后，要及时建立劳保用品发放台账并更新资料，劳保用品包括冬夏工作服、防护服、工作鞋、清凉饮料等，员工领取后签字存档。如图 1.18 所示。

图 1.18

1.5　现场情况检查

1.5.1　班组长组织新员工标准化着装，进入施工现场，了解现场施工环境、车辆和材料吊装位置、轨道坡道和曲线半径、道岔分布情况。如图 1.19 所示。

图 1.19

1.5.2　现场勘察完线路后，班组立即开展培训学习，重点学习轨行区管理办法、标准化作业程序、日常安全注意事项，还需要对工程项目概况、具体施工线路情况等进行了解，做好施工前的相关准备工作。如图 1.20 所示。

图 1.20

1.5.3 机械操作人员进场前，要进行岗前安全教育和安全技术交底，考试合格后方可进场。培训过程相关资料应存档，形成培训记录。机械操作人员上岗后，要不定期地组织司机进行安全培训，针对工程项目实际情况、操作人员的专业水平、公司规章制度等进行针对性培训，并形成培训记录存档。如图 1.21 所示。

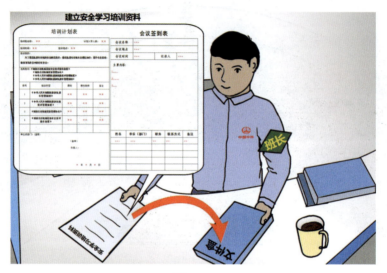

图 1.21

1.6 设备吊装

1.6.1 班组长配合项目部机械主管对新入场机械设备进行接收，检查车辆外观、设备有无损坏，随车资料、专用工具及备品备件是否齐全有效。如图 1.22 所示。

图 1.22

1.6.2　平板车吊装运输较为简单，重点做好轮对防脱工作。各厂家平板车的轮对防脱设计不一样，如太原平板车设计有专门固定轮对的安全挂钩，吊装时只需要将安全挂钩挂好便可直接起吊。有的平板车在平板下方装有轮轴安全吊带，只需保证轮对与平板主体保持不分离就可以吊装，但需保证安全吊带无开焊、老化现象。安全吊带有开焊、老化现象时，或无安全吊带时，需先对轮轴进行固定，之后才可吊装。如图 1.23 所示。

图 1.23

1.6.3　吊装接触网作业车时，做好防溜措施，将制动机制动，用锁定螺母将轮对减震弹簧锁定；必须使用超过车体宽度的撑杆（两边超出宽度不少于 20 cm），防风绳需绑至两侧车钩底座内；人员远离车体，随时调整车辆方向，避免车辆磕碰。如图 1.24 所示。

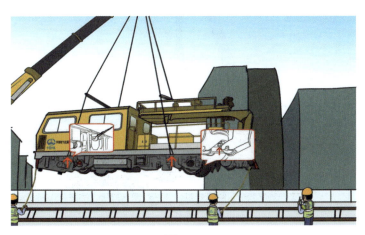

图 1.24

1.6.4 吊装重型轨道车前，轨道车司机根据吊车司机指挥将轨道车停在对应合适的吊装位置，停好车后打止轮器，同时将制动机缓解，因为在起吊时，轮对会下坠，如果制动机处于制动状态，则可能会导致制动系统变形。使用锁定垫片将轮对锁定，然后准备吊装。如图 1.25 所示。

图 1.25

1.6.5 如果平板放线车的底盘没有转向架固定装置，如襄阳厂生产的平板车，吊装时，为防止转向架脱出，需采用钢丝绳穿转向架的方式进行整体吊装，穿钢丝绳时注意避开制动拉杆等装置。此外，还需要准备 2 个 U 形卡环（承重不少于 10 t），把钢丝绳和吊件连接起来，以防止吊装时制动拉杆变形，影响制动性能。如图 1.26 所示。

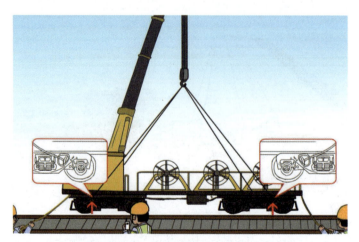

图 1.26

1.6.6　新款平板放线车的吊装方式有很大区别，新款平板放线车的轮对有独立的固定方式，在轮对上设有特殊吊装位置。吊装时，需准备4个U形卡环（承重不少于6 t）。吊装点位于两端转向架中心的圆孔内。用U形卡环将钢丝绳与吊件连接好，检查无误后，方可起吊。如图1.27所示。

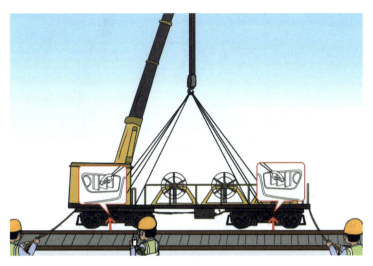

图1.27

1.6.7　动态检测车采用分体式吊装方式，即检测装置与平板车分别独立吊装。检测装置设计有专用吊装点位，吊装时仅需将连接检测装置与平板车的固定装置打开，即可进行吊装作业。吊装方式与接触网作业车类似。如图1.28所示。

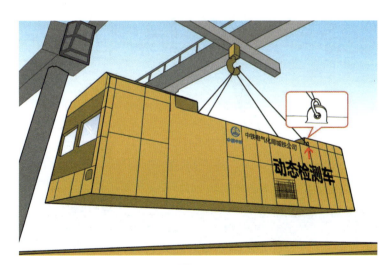

图1.28

1.6.8 吊装地铁联调动态检测车时，要做好防溜措施，将制动机制动，用锁定螺母将轮对减震弹簧锁定；必须使用超过车体宽度的撑杆（两边超出车体宽度不少于 20 cm），防风绳需绑至两侧车钩底座；人员远离车体，随时调整车辆方向，避免车辆磕碰。如图 1.29 所示。

图 1.29

1.6.9 地铁隧道水冲洗车设计有独立的吊装点位，吊装前应检查转向架固定装置是否完好，做好操作室、水箱的防护工作。防风绳需绑至两侧车钩底座，随时调整车辆方向，避免车辆磕碰。如图 1.30 所示。

图 1.30

1.6.10　机械设备通过吊车吊装进入施工现场，停放到指定的位置后，应打好铁鞋，拧好手制动机，锁好车门窗。做好这些工作后，班组长通过公司微信群上报车辆吊装入场。如图 1.31 所示。

图 1.31

1.6.11　机械设备进场后，班组长要及时组织工程项目相关责任人员对进场设备质量状况进行验收，验收完毕后双方签字确认。如图 1.32 所示。

图 1.32

1.6.12 机械设备的质量状态直接关系到后期工程项目机械设备的使用率，为保证机械设备质量状态良好，机械设备进场后，机械班组长要联合项目机械管理人员及安质部人员对设备进行验收，验收记录要单机单表，验收完毕后验收资料归档保存。如图1.33所示。

图1.33

1.6.13 新设备进场吊装完毕后，应及时建立机械设备台账，包括设备管理号码、设备名称、型号、原值、组资日期、生产厂、出厂日期、动力规格、保管单位。机械设备台账的建立，是机械设备管理的基础性工作，是体现工程项目机械设备配置的重要文件资料，各机械班组要及时建立完善的机械设备台账。按照台账模板格式填写各项信息，机械设备进出场变化时要及时对机械设备台账进行更新。如图1.34所示。

图1.34

1.6.14 完成现场验收设备后，班组长通过快递公司将设备进场检查记录邮寄到公司调度指挥中心存档。如图1.35所示。

图1.35

1.6.15 机械操作人员进场后，要及时进行安全教育培训和安全技术交底，考试合格后方可上岗。培训过程资料须存档，形成培训记录。如图1.36所示。

图1.36

1.6.16　机械设备包机包保合同是公司为了减少设备故障、杜绝事故、使设备在使用期间保持良好的技术状态与班组长签认的管理办法。该办法规定，从车辆进场到车辆退场，由检修部门对机械设备状态进行验收，根据验收结果进行奖励。如图 1.37 所示。

图 1.37

1.6.17　班组长安全质量责任书和机械设备包机包保合同签订完成后，要建立班组台账，及时更新资料。如图 1.38 所示。

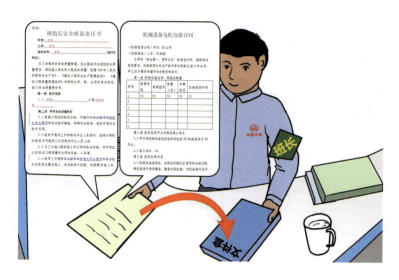

图 1.38

2　现场标准化作业

2.1　起复演练

2.1.1　机械班组长组织班组成员进行车辆起复应急演练，起复演练准备工作如下：

（1）确定现场负责人；

（2）查看现场情况，确定起复方案；

（3）现场负责人分配工作；

（4）做好防护（带好防护旗，手持电台，并确定是否需要防护邻线）；

（5）准备复轨器、打气筒，检查油泵油量是否充足、油缸气压是否充足、液压缸及各接头孔是否干净；

（6）根据现场情况再次进行人员分工；

（7）拉好手制动机并打好未脱线轮对的双向止轮器。

2.1.2　起复作业（见图 1.39）。

图 1.39

（1）将复轨器连接完毕，中心置于机车大钩正下方，两油缸分别置于大钩两侧，呈"人"字形，并接好连接铁索，接好连接油管，做好起升准备；

（2）一人手扶复轨器，两人操作油泵，同时缓慢加压，调整单个油缸起升速度，使两油缸同步起升，将车轮起升至轮缘超出轨面5cm后停止起升；

（3）确认车下无人，使复位方向的油泵缓缓松动，使车辆缓缓平移，可重复上述操作，通过多次平移使车辆起复；

（4）起复完成后，拆除并存放好起复工具及锁具；

（5）检查车辆情况，重点检查车钩、车轴、转向架、悬挂装置、制动装置、轮对，并简单检测轮距；

（6）确认车辆具备上线条件后，通知防护人员撤除防护。

2.1.3　注意事项：

（1）正常搬动和使用起复机具，不得人为损坏；

（2）操作起复器时，应配合协调，动作一致，听从指挥；

（3）起复到位后，复位时动作缓慢，做到平稳复轨；

（4）起复时，车底不能有人，时刻注意邻线来车；

（5）起复完成后，检查工具是否齐全良好，并检查机车状态。

2.2　施工作业

2.2.1
调度命令是轨道车进入施工区间的作业凭证，所有轨道车司机需严格执行，严禁无令作业，班组长接收调度命令后，需同行车调度员共同对调度命令内容进行核对、确认，明确作业内容、作业时间、作业区域、安全注意事项等内容，双方确认无误后，方可接收调度命令。如图1.40所示。

图 1.40

2.2.2　城市轨道交通施工作业，轨道车司机执行作业票制度，作业票是轨道车司机作业的凭证。作业票必须由班组长或指定专人进行填写，作业票的填写应严格执行调度命令要求，根据班组出乘安排计划进行任务分配。作业票也是班组开展安全检查和监督的重要环节，应针对不同的作业内容、作业环境、出乘人员，制定切实有效的安全措施。作业票必须填写规范、字迹工整、信息完整、措施有效。如图 1.41 所示。

图 1.41

2.2.3 按公司规定，统一着装，佩戴安全帽、防护服、劳保鞋、信号灯、对讲机，必须携带调度命令、作业票等行车凭证。如图1.42所示。

图1.42

2.2.4 员工考勤是体现员工工作情况的基础资料，是保障员工劳动记录的监督手段，机械班组需要建立考勤表，考勤表要如实填写。员工考勤直接同收入挂钩，是员工取得相应劳动报酬的依据，严格执行考勤管理制度，并如实上报考勤情况。如图1.43所示。

图1.43

2.2.5　出乘作业应积极主动，不得无故拖延。作业人员按标准化着装要求，携带好信号灯、对讲机等施工用具，按规定时间乘坐专用施工车辆出乘。如图 1.44 所示。

图 1.44

2.2.6　机械操作人员对行车安全装备及防护备品进行检查，对设备进行检查，做好起动试验、制动机试验，确认各部分工作良好。按规定进行全列制动机试验，确认车辆制动性能良好。在长大坡道区间运行的，还应进行持续一定时间的制动试验。按规定对车辆装载加固情况进行检查，确认随乘人员处于安全位置。按规定撤除防溜措施并确认。具备行车条件后，按照当日运行作业计划出车。如图 1.45 所示。

图 1.45

2.2.7　机械班组长每月要定期组织机械操作人员进行设备检查，及时发现和处理机械设备使用过程中发生的机械故障和安全隐患，纠正操作人员不规范行为，提高机械班组的整体业务水平。如图 1.46 所示。

图 1.46

2.2.8　机械设备维修是保证机械设备现场安全运行的有效手段，维修记录是掌握机械设备各部件基本性能的参考依据,机械班组要加强机械设备维修管理工作。如图 1.47 所示。

图 1.47

2.2.9　机械班组长配合上级部门对管辖的机械设备进行不定期检查，对于检查出的问题，要及时整改并回复，整改完成后形成表格存档。如图 1.48 所示。

图 1.48

2.2.10　严禁操作人员在驾驶室内吸烟。如果在调车作业中吸烟，一方面易于造成火灾，另一方面风吹烟灰迷眼、烧嘴，容易造成瞭望中断、撞车等事故。如图 1.49 所示。

图 1.49

2.2.11 驾驶室内吸烟违反公司"红黄"线中的安全管理规定。班组长应根据管理办法，现场填写安全处罚通知单，对操作人员进行处罚。如图 1.50 所示。

图 1.50

2.2.12 视频监控系统是班组长自检管理体系的重要手段。班组长随车检查期间，可对视频监控录像进行分析，检查视频监控系统工作状态、摄像头安装角度是否正确，检查监控录像查找施工作业中是否存在违章作业。如图 1.51 所示。

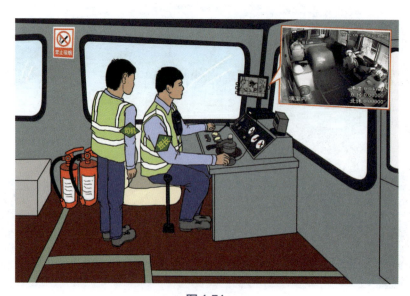

图 1.51

2.3　违章作业上报

2.3.1　班组长随车检查过程中，如果发现违章作业，要立即制止，进行批评教育，并对违章作业做出书面处罚决定。施工作业结束后，班组长要了解事情经过，电话上报安全生产部门。如图 1.52 所示。

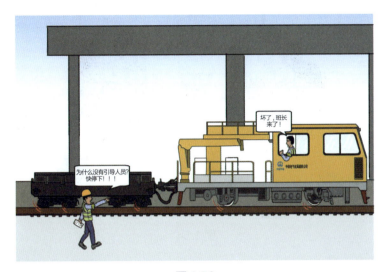

图 1.52

2.3.2　班组长通过广讯通将事情经过、班组长处理意见、处罚决定等上报公司安全部门。如图 1.53 所示。

图 1.53

2.3.3 班组长组织召开班组成员会，根据监控分析，对查处的违章操作人员，进行班组内部处罚，并让其在安全处罚通知单上签字，一式两份。如图1.54所示。

图1.54

2.3.4 班组长通过快递公司将安全处罚通知单邮寄到公司安全生产部门存档。如图1.55所示。

图1.55

2.3.5　班组长将安全处罚通知单归档，存入机械班组管理台账。如图 1.56 所示。

图 1.56

2.4　收车作业

2.4.1　各项收车作业完毕后，操作人员通过班组微信群向班组长汇报当天工作量，主要汇报轨道车及车辆编号、停放地点、停放时间，燃油剩余量、有无备用燃油、止轮器设置及数量，当天作业中存在的问题。如图 1.57 所示。

图 1.57

2.4.2 操作人员施工完毕回到驻地后，须主动向班组长汇报当天施工情况、设备状态、车辆停放位置、防溜措施及现场行车过程中遇到的问题。如图 1.58 所示。

图 1.58

2.4.3 班组长定期与员工进行沟通，分享工作、生活上的快乐与经验，了解和掌握班组成员的思想动向，关心班组成员关注的热点、焦点问题及遇到的难题，设法帮助班组成员解决难题。如图 1.59 所示。

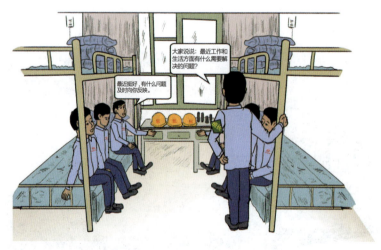

图 1.59

2.4.4 当日施工生产结束后，班组长需要填写生产日报表，包括班组名称、施工生产日期、轨行设备管理号码、项目施工生产情况、同各外协作业队伍配合情况、现场

安全隐患问题、需要公司解决的问题等。每周日通过广讯通上报调度中心。如图 1.60
所示。

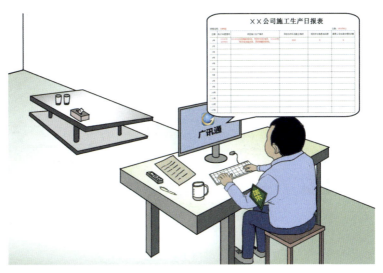

图 1.60

2.5　关爱活动

2.5.1　公司对员工的关怀是多样化的，为了营造一个员工互相关爱的企业文化氛围，
公司在员工生日时为其过生日。使员工真正地感受到来自集体大家庭的关怀，提升员
工对公司的认同感和归属感。如图 1.61 所示。

图 1.61

2.5.2 为了丰富员工业余文体活动，增强员工身体素质，加强团队凝聚力，促进员工之间的交流，培养团队精神，公司定期组织篮球赛等体育活动。如图 1.62 所示。

图 1.62

2.6 探伤检查

2.6.1 每年公司都会对机械设备进行年检探伤，因设备分散在各项目部，探伤专家需要到现场对车辆进行探伤作业。探伤检查由生产技术部统一协调，各班组配合专家进行探伤作业。如图 1.63 所示。

图 1.63

2.6.2　依据《轨道车管理规则》（铁总运〔2016〕38 号）的有关规定，公司应对轨道车辆进行定期年检，确认各车辆本次年检合格。机械班组应配合年检专家进行机械设备年检。如图 1.64 所示。

图 1.64

2.6.3　机械设备年检合格证由检修技术部统一整理后下发给各机械队，再由机械队下发给机械班组。班组长将年检合格证打印出来，放入班组机械设备检查台账存档，便于上级部门检查。如图 1.65 所示。

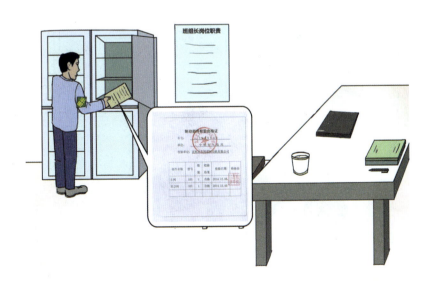

图 1.65

2.7 休假

2.7.1 操作人员的正常调休，时间 12 天内由班组长批准，获批后即可正常调休。如图 1.66 所示。

图 1.66

2.7.2 操作人员需按考勤管理办法，填写请销假单，内容包括姓名、职务、假别、请休假日期、紧急联系方式、实际天数等。经班组长签字同意后，方可离开。如图 1.67 所示。

图 1.67

2.7.3　请销假单一式两份,班组长将请销假单放入班组考勤台账保存。如图1.68所示。

图1.68

2.7.4　宣传报道工作担负着"上情下达、下情上传"的职责,不仅要及时地报道企业内部发生的事件,宣传企业的发展路线、政策等,还应把职工的思想和同行业的信息直接反映给上级部门,再把上级部门的决策、文件精神、工作任务等传达到下级部门和广大职工群众中去。如图1.69所示。

图1.69

2.8 人员调动

2.8.1 项目施工进入"抢工"时期，操作人员不够的情况下，班组长可向调度指挥中心提交操作人员驻勤调动申请报告，包括人员数量、驻勤时间等。如图 1.70 所示。

图 1.70

2.8.2 调度指挥中心根据驻勤调动申请，通过广讯通下发驻勤调动通知，内容包括驻勤流程、报到时间、联系人及联系电话等。如图 1.71 所示。

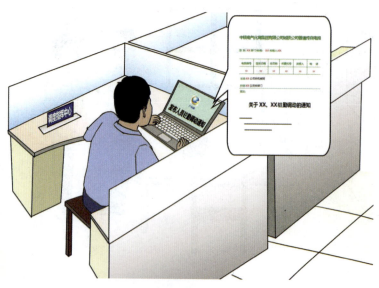

图 1.71

2.8.3　班组长通过广讯通接收下发的驻勤调动通知，了解驻勤人员信息、联系方式，将驻勤通知存入班组收发文件管理台账存档。如图 1.72 所示。

图 1.72

2.8.4　班组长负责联系项目部安排驻勤机械操作人员的食宿、办公、交通等问题。如图 1.73 所示。

图 1.73

2.8.5 驻勤操作人员进场后也要及时进行岗前安全教育培训和安全技术交底，考试合格后方可上岗。培训过程的资料需要存档，形成培训资料记录。如图1.74所示。

图 1.74

2.9　灭火器检查

2.9.1 回到驻地后，操作人员及时向班组长反映灭火器到期情况。班组要及时购置新的灭火器。如图1.75所示。

图 1.75

2.9.2　班组长在操作人员出班前发放新购买的灭火器，操作人负责更换，保证灭火器的正常使用。如图 1.76 所示。

图 1.76

2.10　费用报销及采购

2.10.1　机械操作人员因工作产生的交通费、住宿费，应规范填写费用报销单，由班组长收集并审核，签字后，邮寄至公司财务部进行审核报销。如图 1.77 所示。

图 1.77

2.10.2 班组需要采购安全防护用品时，需要先建立物品采购计划申请表，内容包括物品名称、购买数量、单价、总价、使用管理号及采购原因说明等。如图 1.78 所示。

图 1.78

2.10.3 班组长通过广讯通走机械安全防护用品采购流程，上传机械安全防护用品采购申请表。审核完毕后，方可进行采购。如图 1.79 所示。

图 1.79

2.10.4　调度指挥中心每周收集各班组上报的生产日报表，统计核算各班组本月的施工生产情况，通过广讯通下发施工生产情况的通知。如图 1.80 所示。

图 1.80

2.10.5　调度指挥中心根据项目使用机械设备合同编号、设备型号、起租时间，根据租赁管理办法核算机械租赁费用，将结算表邮寄给各班组。如图 1.81 所示。

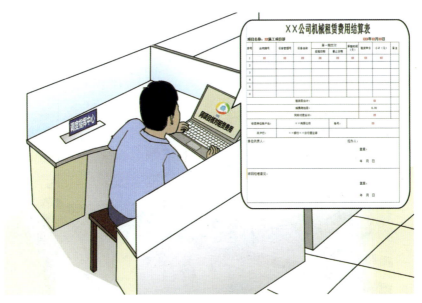

图 1.81

2.10.6 收到机械租赁费用结算单后，班组长与机械主管找项目经理签字后，由财务支付租赁费。如图 1.82 所示。

图 1.82

2.11 设备检查

2.11.1 班组长要加强机械设备检查管理工作，每月对所管辖设备进行一次全面系统检查，对检查发现的问题要及时进行处理，要求司机加强机械设备的日常检查保养工作，使机械设备时刻处于良好状态。如图 1.83 所示。

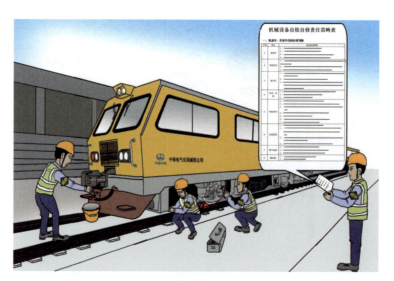

图 1.83

2.11.2　机械设备在使用过程中发生设备故障时，操作人员应及时向班组长汇报故障位置，班组长组织维修。如图 1.84 所示。

图 1.84

2.11.3　班组需要采购备品备件时，需要先建立机械配件采购计划申请表，内容包括配件名称、购买数量、单价、总价、使用管理号及采购原因说明。如图 1.85 所示。

图 1.85

2.11.4　班组长通过广讯通走机械设备配件采购流程，上传机械配件采购申请表。审核完毕后，即可进行采购。如图 1.86 所示。

图 1.86

2.11.5　机械操作人员应具备一定的机械设备日常维修保养知识，对于设备出现的故障，应先对故障进行维修处理，保证设备正常施工生产作业，如更换柴油滤芯、起动试验。如图 1.87 所示。

图 1.87

2.11.6 为了掌握设备关键部件的工作状态，班组长应做好设备维修保养记录，填写机械设备维修登记表。如图 1.88 所示。

图 1.88

2.11.7 班组长将机械设备维修登记表存入班组机械维修保养记录台账保存。如图 1.89 所示。

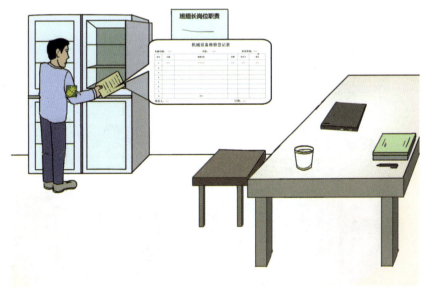

图 1.89

2.12　标准化作业

2.12.1　班组长根据班组日常考核标准和员工平时的标准化作业执行情况进行奖金二次分配，奖金分配必须附带分配依据，说明奖惩原因。如图 1.90 所示。

图 1.90

2.12.2　组织公司领导对班组进行慰问，听取员工的心声和愿望，叮嘱机械班组在确保安全的前提下，尽量配合项目部施工生产作业，同时要加强员工的安全防范意识。如图 1.91 所示。

图 1.91

2.12.3　每年 6 月为全国安全生产月，公司会组织安全知识竞赛活动。每个班组都要按时提交关于安全活动主题的参赛文章，进行评比。好的文章，班组要派人参加演讲比赛。如图 1.92 所示。

图 1.92

2.12.4　班组长通过广讯通接收公司下发的安全事故通报，准备学习资料。如图 1.93 所示。

图 1.93

2.12.5 班组长组织班组成员对安全事故通报文件进行学习。通过总结事故教训，结合现场施工生产，做到"举一反三"，杜绝机械设备行车事故的发生。如图 1.94 所示。

图 1.94

2.12.6 组织学习后，班组长整理业务学习记录、会议照片，通过广讯通上传到公司安质部保存。如图 1.95 所示。

图 1.95

2.12.7　班组长将学习过的事故通报案列、业务学习记录表分别存入机械人员收发文台账和机械人员培训台账。如图 1.96 所示。

图 1.96

2.13　设备退场

2.13.1　工程项目机械设备退租前，机械主管和班组长沟通具体退租时间、设备管理号码。班组长按照退租办法，提示机械主管按流程申请退租。如图 1.97 所示。

图 1.97

2.13.2 项目部机械设备退场前，机械主管需提前 15 天通过广讯通走机械设备退场流程，将退租时间、设备管理号码、设备型号等上报公司调度指挥中心。如图 1.98 所示。

图 1.98

2.13.3 调度指挥中心收到项目机械设备退租的申请后，由公司生产技术部派检修技术人员进行现场验收。根据验收结果，按照包机包保管理办法，对机械班组进行奖惩。如图 1.99 所示。

图 1.99

2.13.4 班组长要组织人员配合生产技术部对车辆进行验收，验收工作要按照机械设备验收记录表内容进行。如图 1.100 所示。

图 1.100

2.13.5 技术人员将机械设备验收记录表上交生产技术部，由生产技术部进行验收。如图 1.101 所示。

图 1.101

2.13.6 生产技术部根据管理办法及机械设备验收结果，制作包机包保兑现统计表，对机械班组进行奖励。如图 1.102 所示。

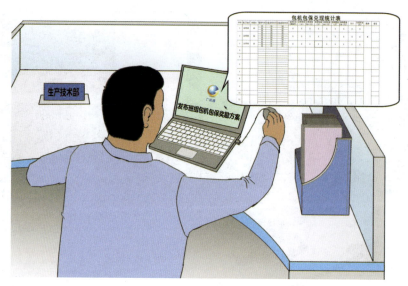

图 1.102

2.13.7 班组长根据生产技术部下发的包机包保兑现统计表及班组操作人员的平时工作表现，在班组内进行二次分配，并填写班组支付单，附带分配奖金依据，提交生产技术部。如图 1.103 所示。

图 1.103

2.13.8　机械设备退场后，生产技术部下发机械设备整备计划报表。综合机械队组织人员对设备进行整备，现场不具备整备条件的，将设备进行转场吊装后整备。参与整备人员由综合机械队统一安排、调动。如图 1.104 所示。

图 1.104

2.13.9　整备人员根据整备计划，对机械设备外表面喷漆，并进行全面检查及维修保养，保证机械设备外观状态良好，技术状态恢复。如图 1.105 所示。

图 1.105

2.13.10　机械设备的检修工作必须实行"预防为主，养修并重"的原则，设备的检修、日常保养，都是为了保证机械设备良好的技术状况。整备班组负责对平板车进行日常检修、保养。如图 1.106 所示。

图 1.106

2.13.11　整备基地主要用于机械设备综合性维修保养，包括设备的小修、中修、大修等。在工程项目无法满足设备停放需要时，整备基地可以为机械设备提供停放场地，包括备品备件、劳保用品的存放等。如图 1.107 所示。

图 1.107

2.13.12　机械设备整备完毕后，生产技术部要组织人员对机械设备进行验收，按照机械设备验收记录表进行全方位验收，双方签字确认。如图 1.108 所示。

图 1.108

2.13.13　机械设备验收完成后，生产技术部将机械设备验收报告上交调度指挥中心存档。如图 1.109 所示。

图 1.109

2.13.14　机械设备调拨由调度指挥中心负责，通过广讯通提前 15 日提出设备调拨单，下发到相关机械班组。设备调拨单内容包含需要调拨的车型、管理号码、所在班组、需调拨项目及具体调拨时间。如图 1.110 所示。

图 1.110

2.13.15　接到设备调拨通知单后，班组长组织相关设备的转场、吊装作业，了解运输时间，同时将下一个项目部的地址、联系人及联系方式给货车司机。如图 1.111 所示。

图 1.111

第 2 部分

轨道车（接触网作业车）司机作业标准

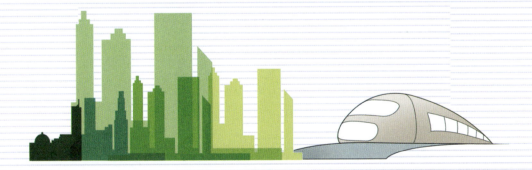

1　范围

本标准规定了中铁电气化局集团有限公司城铁公司的轨道车（包括接触网作业车和固定编组在一起的平板车，以下同）司机一次乘务作业内容和要求。

本标准适用于中铁电气化局集团有限公司及各合资铁路、地方铁路、专用铁路自备轨道车（作业车）司机、副司机的作业，也可作为培训教材，供轨道车司机学员培训学习使用。

2　规范性引用文件

下列文件对于本标准的应用是必不可少的。凡是注日期的引用文件，仅所注日期的版本适用于本标准。凡是不注日期的引用文件，其最新版本（包括所有的修改单）适用于本标准。

——《铁路机车车辆驾驶人员健康检查规范》（TB/T 3091—2019）；

——《车机联控作业》（TB/T 3059—2009）；

——《铁路技术管理规程》（TG/01—2014）；

——《接触网作业车管理规则》（铁总运〔2016〕28号）；

——《轨道车管理规则》（铁总运〔2016〕38号）；

——《城市轨道交通运营管理规定》（中华人民共和国交通运输部令2018年第8号）。

3　术语及定义

本标准采用以下术语和定义。

3.1　机班

由二名司机轮换驾驶轨道车作业或一名司机、一名副司机等二人及其以上人员共同值乘作业的班组。

3.2　司机

持有国家铁路局颁发的轨道车司机驾驶证，在本乘务机班担任司机职务并驾驶轨道车作业的人员。一位司机系指负有领导本机班乘务作业职责的司机；二位司机系指协助一位司机共同完成乘务作业的司机。

3.3　副司机

持有国家铁路局铁路机车车辆驾驶人员资格考试中心颁发的理论考试合格证明，在本乘务机班担任副司机职务，协助司机作业的人员。

3.4　人身安全要求

轨道车乘务员按本岗位作业标准进行作业时应遵守的人身安全要求。

3.5　出勤及接车作业

出勤：在本单位的调度室、派班室或指定处所的出勤作业。

接车作业：本单位内或指定换班地点的接车作业。

3.6　出段

出段：指出本段（所）作业，在其他地点等处所的出段作业参照执行。

3.7　退勤作业

指在本段的退勤作业，在其他地点等处所的退勤作业参照执行。

4　人身安全要求

在进行各项作业时，必须遵守人身安全的各项规定，按有关安全要求和规定穿戴防护服装、使用安全器具，不进入或接近影响人身安全的处所。

4.1　在段（所）、车站等各处所、道路行走时的安全要求

4.1.1　注意周围车辆、设备、道路状况，严格遵守交通、行走、安全防护等各项规则。

4.1.2　横越铁路或道路时应执行"一站、二看、三通过"的要求，在各项作业中，遵守本单位、项目部及施工现场等部门规定的行走路线。

4.1.3　严禁在铁路线路内行走；严禁在轨道车、车辆底部、连接处、天窗穿越；严禁攀爬、

跳下站台；严禁攀爬、穿越隔离网。身体各部及所携带的物品距带电接触网必须保持不少于 2 m 的安全距离。

4.2　上下、进出轨道车、车辆等设备作业时的安全要求

4.2.1　禁止上下和进出移动的轨道车、车辆等设备。进行车顶或登高作业时，必须按规定系好安全带，站稳抓牢。电气化铁路严禁擅自攀登轨道车、车辆顶部。

4.2.2　上下、进出轨道车车辆时，首先确认车下及左右侧安全状况，不得背向车门及单手抓手把杆上下，不得在桥梁、涵洞、隧道等车下没有道路或站立处所的地点上下。

4.2.3　在车上、车下、检查坑等各处所作业及开关车门（窗）时，要站稳抓牢，不得手触门框及其他转动、带电等不安全的部位或设备；检查各电气设备、部件时，必须断电，且不得携带导电工具、器材，防止挤、摔、碰伤和触电伤害。

4.2.4　检查轨道车时，严禁吸烟，不得携带导电器具，必须系紧衣扣、鞋带，站稳抓牢，不得进入高压室、供电柜、变压器室等带电和危险处所。起动发动机后及运行中不得开启各种防护用的护板、护罩、孔盖等设施，不得触摸各种高温、带电、转动等零部件。

4.2.5　在电气试验、制动机试验、发动机起动、移动轨道车等作业前，应确认车上、车下所有人员处于安全位置，并进行呼唤、鸣笛示警（限鸣区除外，以下同）。在进行各项作业的同时，应进行确认呼唤和手比，其标准按附录 A 执行。

4.3　起动、运行时的安全要求

4.3.1　轨道车起动运行前，应关闭各车门及无人值乘处的侧窗并锁闭。运行中，严禁向车外抛撒火种和物品，不得超越轨道车限界作业，不得在走廊上和平板车上作业；雨雾雷电天气及隧道内等可能影响人身安全的处所，不得探身车外。

4.3.2　运行中，遇冲撞机动车、大型设备或异物击打等情况，有可能危及人身安全时，在采取停车措施后，应紧急避险，防止人身伤害。

4.4　其他安全要求

4.4.1　轨道车在牵引或单机运行开车前，司机、副司机必须站立确认前方和左右侧有无人员和障碍物；起动运行 3~5 m，试拉后制动停车，检查制动性能及后部车辆是否连

挂良好，确认后再缓解开车。

4.4.2　轨道车运行中，除调车引导、指挥人员外，所有随车人员必须在司机室内坐乘，所有人员严禁登乘升降平台。作业平台上有作业人员时，轨道车的移动需听从作业人员的指挥，呼唤应答确认平台上部人员安全后方可移动轨道车，轨道车（作业车）的移动速度不得超过 5 km/h。

4.4.3　运行中，轨道车发生故障，必须停车全制动并做好防护后，方可进行故障处理。

4.4.4　同一线路上停放二组及其以上轨道车，应连挂在一起。不能连挂的，间隔距离不得少于 3 m，并分别做好防溜等防护措施。

4.4.5　关闭发动机长时间停留的轨道车车组防溜措施：一是空气制动机最大减压量制动后置保压位；二是拧紧全列车辆的手制动机；三是车组下坡端双止轮器止轮并轧实，上坡端司机侧安放单止轮器止轮。撤除防溜时，必须发动机已工作，制动系统达到标准压力，空气制动机试验良好，先松缓手制动机，再撤除全部止轮器。

4.4.6　吸烟时，要在司机室内固定地点，烟灰、烟蒂放入烟灰缸内，不得抛出车外。运行中不得用餐，不得做与行车无关的事情（与行车有关事宜的接听手机除外），司机不得长时间（超出瞭望距离的运行时间）离开驾驶座椅。

5　身体健康及休息要求

5.1　轨道车司机应按照《铁路机车车辆驾驶人员健康检查规范》的规定进行定期健康检查，并不得有职业禁忌症状。

5.2　出乘前，必须充分休息或按规定待乘休息，严禁饮酒。临时患有影响值乘的疾病或饮用影响值乘（嗜睡）的药物，不得担当乘务工作。

5.3　担当夜间值乘任务的机班，按规定时间（具体时间由上级部门根据有关规定和实际乘务情况确定）到待乘室使用指纹仪签到、登记并测酒，卧床休息时间不少于 4 h。

6　出勤作业

6.1　轨道车司机出乘时，按照本单位标准化着装要求，穿好工作服、防护服、安全鞋，佩戴好安全帽、司机袖标，携带工作证、上岗证、驾驶证、岗位培训合格证等证件,熟知《轨道车(接触网作业车)司机作业标准》《非正常情况下行车应急处理预案》《轨道车(作业车)故障应急处理办法》等规定,会同项目部人员乘坐专用施工车辆一同前往施工现场进行交接班。标准化着装如图 2.1 所示。

图 2.1

6.2 调度命令是轨道车进入施工区间的作业凭证,所有轨道车司机须严格执行,严禁无令作业,班组长接收调度命令时,须同行车调度员共同对调度命令内容进行核对、确认,明确作业内容、作业时间、作业区域、安全注意事项等内容,双方确认无误后,方可接收调度命令。如图 2.2 所示。

图 2.2

6.3　城市轨道交通施工作业，轨道车司机执行作业票制度。作业票是轨道车司机作业的凭证。作业票必须由班组长或指定专人进行填发，作业票的填写严格执行调度命令要求，根据班组出乘计划进行任务分配。作业票也是班组开展安全检查和监督的重要环节，针对不同的作业内容、作业环境、出乘人员等因素，制定切实有效的安全措施。作业票必须填写规范、字迹工整、信息完整、措施有效。如图 2.3 所示。

图 2.3

6.4　班前预想会由班组长主持，全体作业组成员参加，召开班前预想会前，班组长应提前了解和掌握当日的施工生产任务及安全卡控重点，并制定有效的安全措施。班前预想会上，班组长将作业内容、作业地点、线路状况、施工范围等内容对作业组成员进行传达，使作业人员准确了解并掌握作业安全重点及安全防范措施。如图 2.4 所示。召开班前预想会的目的是在保证人身、行车、设备、作业安全的前提下，圆满完成各项任务。召开班前预想会时，班组长要按标准填写班组长工作日志。

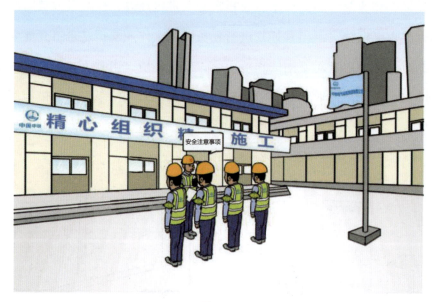

图2.4

6.5 作业人员出乘作业应积极主动，不得无故拖延，按标准化着装要求，携带好信号灯、对讲机等施工用具，按规定时间乘坐专用施工车辆出乘。如图2.5所示。

图2.5

7　接车检查试验作业

7.1　出乘司机到达值乘地点后，首先确认轨道车组防溜状态设置情况，上车后闭合蓄电池、照明等相应开关，开启视频监控装置和平车推进引导装置，司机将 IC 卡数据载入列车运行监控装置，检查视频监控系统工作状态，调整摄像头至正确监控角度，保证视频监控系统工作正常，监控范围符合标准。查看交接班记录簿，全面了解轨道车运用、检修情况，对故障处所和故障处理情况要重点检查，掌握设备运用状态。对列车行车安全装备、防护用品、工具备品等交接后，在交接班记录簿上签认。如图 2.6 所示。

图 2.6

7.2　值乘人员按检查整备作业程序对轨道车进行检查试验，轨道车必须符合《铁路技术管理规程（普速铁路部分）》的相关规定，达到运用标准。检查试验时，作业人员应互相配合和联控，确保人身安全。

7.3　轨道车出库前值乘机班主要检查试验项目。

7.3.1　检查各行车安全装备（见图 2.7），行车安全装备及视频监控装置齐全，状态良好，外观无破损，显示屏、指示灯显示状态良好。与引导人员进行对讲机通话试验，用语:"×××,我是 ×× 号轨道车(作业车)司机 ×××,现与你进行对讲机通话试验,听到请回答。"

图2.7

7.3.2　司机检查完行车安全装备后,司机、副司机共同对作业令、作业票进行复核(见图2.8),确认调度命令与作业票内容一致,司机将调度命令(作业令)内容摘抄到行车日志中,再次根据施工生产任务及现场环境与副司机一起进行安全预想,明确安全注意事项。

图2.8

7.3.3　检查防护用品，灭火器、复轨器、防溜器具、信号灯（旗）、随车工具备品等应齐全有效。如图 2.9 所示。

图 2.9

7.3.4　副司机按标准化检查程序对作业车开展机车全面检查，检查顺序是从前到后、从左到右、从上到下，重点检查制动系统、走行系统和传动系统等部件，确保各部件状态良好。如图 2.10 所示。

图 2.10

7.3.5 对轨道车走行部（包括车底部）各部件外观可视部分进行检查，轮对、车钩、蓄电池箱、基础制动装置、牵引装置、各风缸、制动软管等部件应外观状态良好，油脂、燃油储量满足当日施工生产。如图 2.11、图 2.12 所示。

图 2.11

图 2.12

7.3.6 轨道车上部检查：各部油、水位符合标准（油位应在机油刻度尺上、下限中间位置为宜）；各开关位置正确；各安全防护门窗开闭状态符合要求；各油管、气管、水管卡箍安装牢固，无裂纹、老化、泄漏现象。空气压缩机、制动机、电器柜、各电机及电器、柴油机、冷却水、冷却装置、照明装置、信号标志、各监督计量器具、各仪表及显示屏等，应外观状态良好，显示正确。如图 2.13、图 2.14 所示。

图 2.13

图 2.14

7.3.7　各项检查试验：电器动作试验，起动发动机后进行空载转速试验、操纵台制动机全面机能试验，各开关应动作灵活有效，仪表显示正常。如图 2.15 所示。

图 2.15

7.3.8　需要换端操作时，司机按标准化作业流程进行换端操作（见图 2.16）。空气制动机工作原理不同，换端操作流程也不同：H–6 型空气制动机换端操作时：① 先关闭非操纵端空气制动阀下部制动管的截断塞门；② 将空气制动阀手柄置保压位；③ 将油门置最低位置；④ 点火钥匙置关闭位；⑤ 各翘板开关置关闭位；⑥ 配电箱电源转换开关置操纵端位置；⑦ 换向开关置中立位。JZ–7 型空气制动机换端操作时：① 将点火钥匙置关闭位；② 将自动制动阀手柄置手柄取出位并取出，将单独制动阀手柄置运转位并取出；③ 各翘板开关置关闭位；④ 将油门置最低位；⑤ 配电箱电源转换开关置操纵端位置；⑥ 换向开关置中立位。

图 2.16

7.3.9　换端完毕后检查各仪表显示状态，机油压力表为 200~400 kPa，水温表为 80~90 ℃，柴油油位不低于 1/2，相应指示灯应点亮，总风缸压力上升，总风缸压力为 700~800 kPa，列车管、均衡风缸压力为 500 kPa，制动缸压力不低于 100 kPa，进行制动机的全列制动试验，确保车组制动性能良好。

7.3.10　副司机按标准化作业流程对轨道平板车进行全面检查（见图 2.17）。平板车检查顺序按从左到右、从里到外、从上到下的顺序进行，主要对车轮踏面无擦伤、剥离、碾堆现象进行检查，轮缘厚度不小于 23 mm；基础制动装置穿销、开口销齐全有效，闸瓦间隙应在 5~10 mm 标准范围内，闸瓦厚度不小于 17 mm；轴箱端盖螺栓应齐全、紧固，轴箱内外圆簧无裂纹，各风缸、管路无漏风现象，各截断塞门位置正确，制动拉杆无弯曲变形，作用良好，旁承间隙符合要求。

图 2.17

7.3.11　副司机对车辆装载情况进行检查：不超高，不超限，不偏载，不超重，绑扎牢固。发车前司机需对物品装载及绑扎情况进行确认，装载、绑扎不符合要求不得发车。如图 2.18 所示。

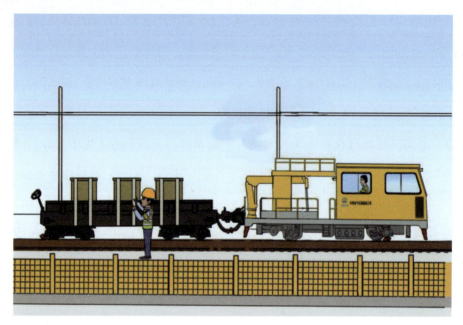

图 2.18

7.3.12 副司机对车辆全面检查完毕后，通过平车推进手持电台向司机汇报检查情况。司机待各风缸压力达到规定标准后，同副司机共同进行制动试验。如图 2.19 所示。

图 2.19

7.3.13　制动试验时，副司机需确认车组尾部制动状态，并同司机进行制动试验呼唤应答，制动试验完毕后，副司机检查各管路有无漏风现象，确认车组制动性能良好。试验完毕后，司机通知副司机撤除防溜措施，做好发车准备。如图 2.20 所示。

图 2.20

7.3.14　副司机接到司机的解除制动指令后，对命令进行复诵，按从后向前的顺序，依次解除车组手制动机。如图 2.21 所示。

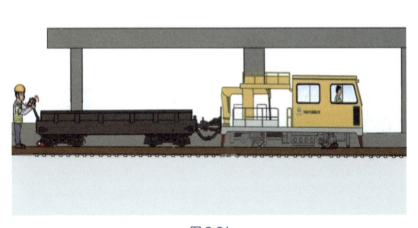

图 2.21

7.3.15 司机通知副司机撤除止轮器,副司机回复:"撤除止轮器,明白。"如图 2.22 所示。副司机应对每个轮对进行检查,确认止轮器撤除完毕后,通知司机止轮器已经撤除完毕。

图 2.22

7.3.16 司机应对撤除的止轮器数量进行检查确认,并把止轮器放到指定的位置,避免掉落或丢失,并及时填写防溜揭示簿。车辆止轮器的配备标准为:接触网作业车 4 个,轨道车 4 个,轨道平板车 4 个。如图 2.23 所示。

图 2.23

7.3.17　防溜措施撤除完毕后，司机将防溜指示牌摆放到防溜已撤除状态。如图 2.24 所示。

图 2.24

7.3.18　运行前，副司机安装视频监控的移动式监控灯箱，并将移动监控灯箱固定到规定位置，安装后使用无线对讲机与司机确认推进装置是否视野良好。司机将视频监控推进方向画面切换为主画面，便于司机时刻观察前方线路状况，辅助司机安全驾驶。如图 2.25 所示。

图 2.25

8 出发作业

8.1 准备出发

8.1.1 用对讲机联系有关行车指挥人员，根据行车指挥人员的指示或按要求的时间准备开车。首先确认监控装置已正确开启，各防护、防溜设施已撤除，手制动机已松缓，线路无障碍，轨道车各部位无作业人员，机班全员上车，确认股道（信号）及道岔位置正确（引导人员下车确认道岔位置是否正确、岔尖是否密贴），鸣笛试拉后再动车。

8.1.2 轨道车重联（附挂）时，未得到重联（附挂）轨道车司机的鸣笛回示或对讲机回复，不准动车。

8.1.3 设有前后司机室或操纵台的轨道车，无论是单机、附挂还是牵引运行，值乘司机必须在运行方向的前端司机室操纵（调车作业推进运行时在调车指挥人一侧的操作台操纵）。非操纵端与行车无关的各开关均应置于断开位并锁闭，取出制动机手柄或将其置于规定位置。

8.1.4 单机在上坡道线路起动时，可在缓解轨道车制动的同时提油门手柄加载。各行车安全装备和通信装置必须全程运转，严禁擅自关机，夜间行车必须按规定使用头灯、标志灯。

8.2 出发运行

8.2.1 轨道车运行中，司机要严格遵守各项规章制度，严格执行标准化作业程序，执行"彻底瞭望、确认信号、准确呼唤、手比眼看"和联控制度，精力集中，不间断瞭望，不做与行车无关的事情。严格按信号、标志、限制速度及作业令、行车指挥人员的要求，安全、平稳操纵轨道车，按停车地点要求准确停车。

8.2.2 同一线路上的轨道车不得跟踪运行。特殊情况必须跟踪运行时，后方轨道车与前方轨道车之间必须留有 200 m 以上的安全距离，并保持遇到紧急情况能随时停车的速度。停车时，前后轨道车之间最少留有 20 m 的安全距离，特殊情况车距必须少于

20 m 时，应停车再开，速度不得超过 5 km/h。

8.2.3　接近停车信号、脱轨器、车挡、尽头线、站界标等防护信号、标志时，严格控制速度，停车时应留有不少于 10 m 的安全距离，特殊情况距离必须少于 10 m 时，应停车再开，速度不得超过 3 km/h。

8.2.4　施工负责人全过程随车添乘，盯控车辆运行和施工作业情况，与司机共同把控施工现场安全（见图 2.26）。司机在操作过程中严格执行车长制，施工作业听从施工负责人指挥，但司机有权拒绝违章指挥，保证行车安全。

图 2.26

8.2.5　轨道车运行时，司机、副司机应集中精力，谨慎驾驶，瞭望不间断，运行不超速，宁可错停，不可盲行。平车推进装置、对讲机必须全程保持畅通，严禁擅自关闭。进入施工人员较多的区段时，要及时鸣笛、加强瞭望、减速慢行；遇有可能危及行车或人身安全的情况时，必须立即采取紧急停车措施。

8.2.6　车组运行过程中，遇道岔、站台、物料堆积区段及有交叉施工的作业区段时，严格控制运行速度，不得超过 10 km/h，待安全通过后方可加速，如图 2.27 所示。

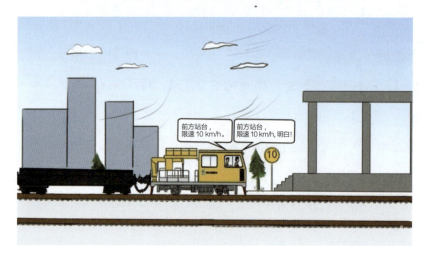

图 2.27

8.2.7 平直线路区段牵引运行时，司机不得间断瞭望，应密切关注前方线路情况，按 25 km/h 的限制速度运行（见图 2.28）。推进运行时，司机需要同引导人员加强联系，引导人员主动报告前方线路状况，发现隐患及时通知司机减速或停车，或通过平车推进引导手持装置控制减速或停车，推进运行速度不得超过 20 km/h。

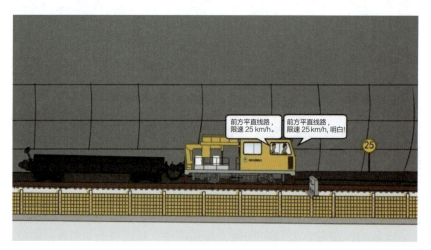

图 2.28

8.2.8 轨道车在区间遇到长大上坡道时，司机应在保证不超速（≤ 35 km/h）的前提下提前满负荷加速运行，采用"先闯后爬、闯爬结合"的操作方法。遇大坡道动力不足时，可选择退行后加速闯坡的方式通过，严禁生拉硬拽、长时间空转，导致钢轨或轮对擦伤。如图 2.29 所示。

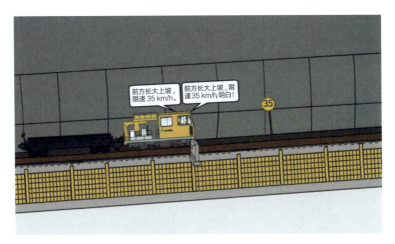

图 2.29

8.2.9　在施工线路上运行至岔区时,轨道车必须在道岔前不少于 10 m 处一度停车（见图 2.30 ）,副司机下车检查确认道岔开通状态,下车前注意邻线有无移动的车辆。检查道岔时,应先确认道岔开通方向是否正确,不正确时使用对讲机联系施工负责人将道岔扳至正确位置。道岔钩锁器应锁闭良好,岔尖无破损,岔尖与基本轨应密贴,道岔连杆安装牢固（见图 2.31 ）。无连杆的道岔,必须将开口方向一侧用木楔塞紧或用专用器具固定,确保牢固可靠,开口角度符合规定。确认各部良好后,用对讲机或信号旗（灯）显示通过手信号,通知司机道岔位置开通正确,可以通过。司机收到后应复诵并鸣笛回示,以不超过 5 km/h 的速度通过。

图 2.30

图 2.31

8.2.10 轨道车运行中，在遇到线路前方有疑似侵限（上、下、左、右）物体时，司机应提前减速，在侵限物前不少于 10 m 的距离一度停车，副司机下车确认物体是否侵限（见图 2.32），如侵限，需将侵限物体处理至不影响行车安全的位置或状态后（见图 2.33），用对讲机通知司机（见图 2.34），司机以不超过 5 km/h 速度缓慢通过。侵限物较大，不能挪动时，应协调施工作业人员共同配合处理。

图 2.32

图 2.33

图 2.34

8.2.11 车辆推进运行时，副司机或调车指挥人员必须手持对讲机和信号旗（灯）在车辆推进方向的前方进行引导，确认前方线路情况。引导人员应站在平板车的安全位置，站稳抓牢，保证人身安全（见图 2.35）。夜间及隧道内推进运行时，引导人员手持信号灯，并将移动式监控灯箱照明灯打开。发现侵限物及遇危及行车安全情况时及时通知司机停车，严禁臆测行车。遇曲线、坡道路段及进出车站时，提前通知司机控制运行速度。

图 2.35

8.3 待机

8.3.1 待机时，轨道车须保压制动；挂有车辆时，自阀以最大有效减压量保压。值乘人员不得擅自离开轨道车。长时间（无作业计划）待机时，在做好车组防溜措施后，司机可在车内稍作休息。

8.3.2 发动机或空气压缩机停止工作后，须设置止轮器并拧紧手制动机。夜间待机时，应关闭头灯和辅照灯，开启前后两侧标志灯。

8.3.3 长时间待机或作业间歇时，应对轨道车走行部主要部件进行外观检查。

8.3.4 停留时间超过 20 min 以上再次作业前，应对制动机进行制动试验（挂有车辆时按简略试验要求执行，单机可只进行单阀制动试验）。

9 调车作业

严格按照调车计划、限制速度等有关规定，安全、平稳操纵，按调车指挥人的要求调车。没有调车作业书面计划不准动车，使用对讲机指挥调车作业计划的，执行复诵制度。

司机接到调车指挥人发出的动车指令后，必须确认调车指挥人的位置，看不到调车指挥人时不准动车。单机或牵引车辆时，动车前司机必须与调车指挥人共同确认前方进路。作业时唱一钩干一钩、先唱后干、逐钩注销。

非电气集中联锁道岔调车作业时，须认真执行要道还道制度，全员确认股道号码信号、开通信号、道岔位置及调车指挥人起动信号，确认正确后及时回示，然后动车。

9.1　接收调车计划（作业令）

司机应亲自接收调车指挥人传达的调车计划（调车计划通知单必须字迹清楚），逐条复诵，做到清楚明白。司机将接收的调车计划向本机班全员传达并听取复诵，做到全员清楚明白。没有计划、计划不清、口头传达未复诵不准调车。

9.2　连挂作业

轨道车连挂作业，严格执行十、五、三车距离信号显示制度，距被挂车辆 10 m 前必须一度停车（见图 2.36），严禁坡上车挂坡下车，严禁重车挂轻车，严禁在弯道或岔区进行连挂作业。

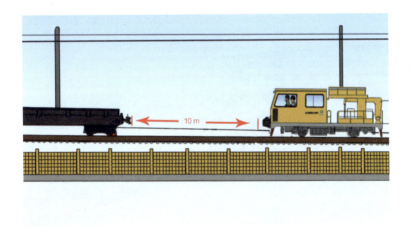

图 2.36

9.2.1　单机挂车：轨道车运行至被连挂车辆 10 m 前一度停车。副司机检查被连挂车辆的防溜措施是否良好、防护信号是否撤除、车钩位置是否正确。确认良好后，引导人员站在司机侧向司机显示连挂信号，引导挂车。如图 2.37 所示。

图 2.37

9.2.2　司机根据显示的连挂信号,以不超过 5 km/h 的速度平稳连挂,连挂后必须试拉,确认连挂良好。如图 2.38 所示。

图 2.38

9.2.3　试拉完毕后,副司机按操作流程连接两车的制动软管,连接制动软管前应检查车辆的制动软管是否作用良好。连接制动软管时双腿不能同时跨入道心,连接制动软管后,将防尘堵、安全链挂好。如图 2.39 所示。

图 2.39

9.2.4　制动软管连接后，先开通被连挂车辆的折角塞门，再开通连挂车辆的折角塞门。检查确认两边折角塞门都在开放状态，确认制动软管连接良好、折角塞门开放正确、各部无漏风现象。如图 2.40 所示。

图 2.40

9.2.5　车辆连挂完毕后，副司机需要按标准化作业程序要求安装车钩绑扎线，防止车钩跳钩或人为误操作，确保设备编组运行安全。如图 2.41 所示。

图 2.41

9.2.6 需要换端操纵时,按规定处理好非操纵端的各手柄、开关和有关设备,关闭空调、电暖气、风扇等与行车无关的辅助用电设备,换端到运行方向的前端操纵台。按规定或要求进行全列车的制动试验。如图 2.42 所示。

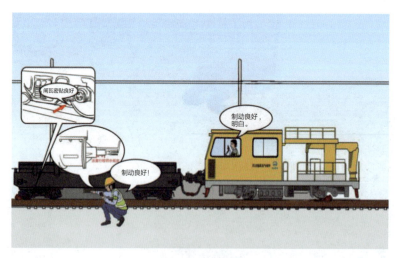

图 2.42

9.2.7 全列车的制动试验:自阀减压 50 kPa 并保压 1 min,对列车制动机进行感度试验,全列车应发生制动作用,且不得发生自然缓解;司机检查制动主管漏泄量,1 min 不得超过 20 kPa;手柄移至运转位后,全列车须在 1 min 内缓解完毕。自阀施行最大有效减压（制动主管定压 500 kPa 时为 140 kPa，定压 600 kPa 时为 170 kPa），对列车制动机进行试验，要求不发生紧急制动，并检查制动缸活塞行程或制动指示器是否符合规定。

9.2.8　制动试验完成后，在得到司机许可后，解除被连挂车辆的手制动机制动措施。如图 2.43 所示。

图 2.43

9.2.9　副司机在得到司机撤除止轮器的通知后，按规定撤除全列止轮器。撤止轮器时不得手抓止轮器踏面，注意人身安全。如图 2.44 所示。

图 2.44

9.2.10　作业前，副司机安装好视频连接线和移动式监控灯箱（见图 2.45），检查平板重载连接器是否安装牢固，内部应无锈蚀、无烧灼，接线良好。副司机用对讲机与司机联系，确认移动推进摄像头工作正常、画面清晰、角度正确。

图 2.45

9.3　调车速度基本要求

严格执行《铁路技术管理规程（普速铁路部分）》《站细》对作业站场、专用线、岔线速度的规定。距离尽头线、车挡 10 m 前必须一度停车，需进入 10 m 以内时，以不超过 3 km/h 的速度前行；经过道口作业时，加强瞭望，严格控速，做好随时停车的准备。

施工现场，两侧及顶部障碍物距离轨道车最外侧的距离不得小于 10 cm，下部障碍物不得超过轨面高度，否则应停车，排除障碍物后方可通过。遇两侧近距离有脚手架等高大活动设施时，轨道车通过的速度不得超过 5 km/h，并密切注意，防止车辆通过时因震动造成坍塌。

9.4　轨道车操纵

9.4.1　轨道车作业中注意检查并确认司机室内各仪表、显示屏的显示状态。轨道车有异音、异状等非正常情况时，应立即停车，先做全面检查，确认司机室内各仪表、显示屏的显示情况；再检查异音、异状发生处所。

9.4.2　轨道车各仪表、仪器、管路、安全保护装置和监督、计量器具等设备作用良好时，不得擅自调整、关闭或切除。轨道车未停稳时不得换向，作业中不得关闭空气压缩机。根据作业计划有预见地掌控好牵引、加速、惰行、制动的时机和地点；天气情况不良时，应施行预防性撒砂，防止空转。下坡道禁止空挡溜放。

9.4.3　司机在作业过程中要听从施工负责人的指挥，严禁超时间、超区域作业，作业过程中有权拒绝违章指挥。遇特殊情况，需超出调度命令（作业令）规定时间、范围作业时，须经调度或上级审批后方可执行。

9.4.4　作业过程中，司机要集中精力，禁止做与行车无关的事情，应加强与施工作业人员的联系，确保人身、行车、设备的安全。如图 2.46 所示。

图 2.46

9.4.5　施工人员需要使用作业平台时，司机在确认安全的情况下方可打开液压压力开关，作业平台升高 20 cm 后，方可进行作业平台移动旋转（见图 2.47）。作业平台左右旋转时，周围料具应清理干净，防止发生剐蹭卡滞。作业平台操作应由专人负责，作业平台在升降或旋转过程中禁止人员上下（见图 2.48），副司机应做好防护和监督。施工人员在上下作业平台时，应站稳扶好，作业时系好安全带，严禁超载超员，在确保安全的前提下方可作业。在隧道内使用作业平台时，要注意隧道内限界情况，防止碰撞隧道壁。

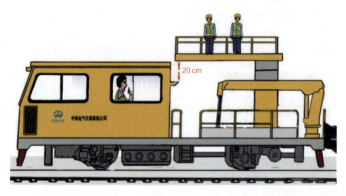

图 2.47

图 2.48

9.4.6 作业平台前端承重为 300 kg，后端承重为 1 000 kg，严格控制作业平台承重量，严禁超重，司机、副司机做好检查、监督工作。作业车运行时，施工人员必须全部撤出作业平台，将作业平台复位，作业平台安全护栏归位并锁定后，方可鸣笛动车。

9.4.7 施工人员在作业平台上施工的过程中，副司机时刻监控作业平台状态，司机严禁离开驾驶室，发动机不得熄火，保证轨道车各风缸压力充足。如图 2.49 所示。

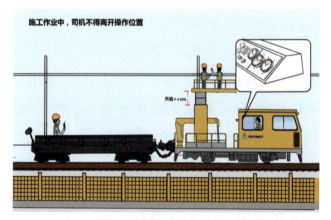

图 2.49

9.4.8　在较大坡道施工作业时，需对车组实施保压制动，并在下坡端放置止轮器进行防溜，司机不得离开驾驶室。如图 2.50 所示。

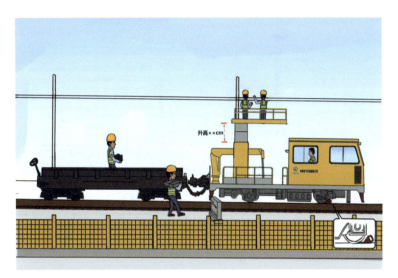

图 2.50

9.4.9　作业完毕后，副司机指挥作业人员将作业平台旋转至中心位置，缓慢下降复位（见图 2.51），作业平台安全护栏放置至规定位置，并清除平台上物料及工机具，确认无误后方可通知司机动车。

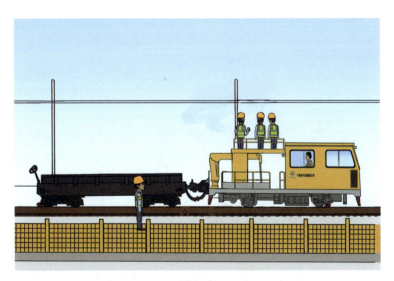

图 2.51

9.4.10　轨道车在长时间吊装施工材料时，须对车组实施保压制动，司机不得离开驾驶室，副司机应对吊装作业全程盯控。如停止发动机工作，必须拧紧手制动机，放置止轮器进行防溜。如图2.52所示。

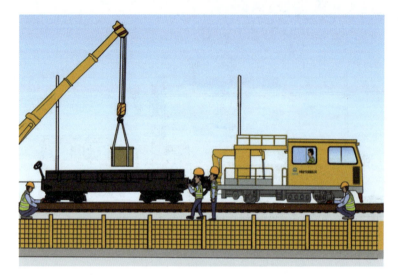

图 2.52

9.4.11 施工材料吊装完毕后，副司机检查货物的装载情况，确保车上的材料、工具、货物装载稳固，不集重、偏载、超载或超限，如图2.53所示。装载危险品时，应派专业人员负责押运，应有可靠的安全措施，装载的货物用紧线器或手拉葫芦固定、拉紧，确认无误后方可通知司机准备开车。

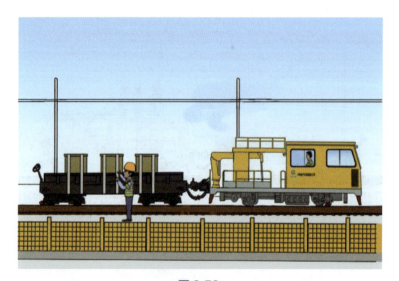

图 2.53

9.5　制动机使用

9.5.1　调车作业中，所挂车辆连接列车制动主管时，应使用自阀进行调速、停车（特殊情况速度低于 10 km/h 时除外）。在使用自阀进行调速、停车时，制动减压排风完成后，根据需要可使用单阀增加或减少制动力。

9.5.2　自阀制动时，初次减压量不得少于 50 kPa。追加减压不应超过两次，一次追加减压量不应超过初次减压量；累计减压量不得超过最大有效减压量。

自阀减压排风未止时，不应追加、缓解。

自阀制动过程中，使用单阀缓解轨道车制动，每次减压不得超过 30 kPa，并保持轨道车制动缸压力不低于 50 kPa。

停车后需要对车列进行制动防溜时，必须使用自阀减压至最大有效减压量。

紧急制动时，迅速将自阀手柄移置紧急制动位直至停车，停车后及时解除轨道车牵引力。车未停稳、排风未止和未到缓解时间，不得缓解制动。

9.6　鸣笛时机

轨道车鸣笛时机（限鸣区除外）：列车或单机起动前；鸣笛标、作业标、施工地点标、车站行车室处；平交道口前、进站信号机前、进出隧道前（100±20）m 处；运行、停车线路靠近车站站台时的站台头处，回示信号、发现危险情况或需要鸣笛时。遇行人、机动车挡道等危及行车安全时，无论在限鸣区内外都必须立即鸣笛示警。

9.7　瞭望确认

9.7.1　牵引列车或单机起动前及运行中，对前方信号、线路等设施和安全状况认真瞭望，严禁臆测行车。在进行记点、车机联控、列车运行监控装置操作、仪表确认等作业时，要在瞭望距离内迅速完成或办理瞭望交接。列车或单机起动前，司机、副司机要站立瞭望（减少瞭望死角），确认前方车下无人员及障碍物。如图 2.54 所示。

9.7.2　运行中，发现严重晃车或有危及行车安全的情况时，迅速采取减速或停车措施，并立即上报班组长及调度员。遇撞击大型机动车、障碍物等危及行车安全的情况，应立即采取紧急停车措施。危及轨道车乘务员人身安全时，应紧急避险，并向施工负责人报告。

图 2.54

10 入段整备作业

10.1 入段作业

轨道车（作业车）入段作业时，应挂好制动软管防尘堵。到达站、段分界点处一度停车，二位（学习）司机签认入段时分，了解段内走行径路，向司机汇报，全员共同确认股道号码信号、道岔开通信号及道岔位置正确并回示（设有调车信号机的凭调车信号的显示运行），严守入段走行速度。

10.2 整备作业

段内整备时应做好防溜措施，单阀全制动并挂禁动牌。根据公司制定的轨道车检查、保养、清洁、整备等规定标准作业。对运行中和整备作业检查中发现的故障或不良处所，按规定提票、盯修、验收，填写轨道车运行日志等。途中使用灭火器、防护用品时，应将情况通知工具室，进行更换或配备。司机在规定地点用 IC 卡转储列车运行监控装置文件，将 IC 卡交地面分析人员转储。拧紧手制动机、安放止轮器、断开各开关、门窗关严锁闭后，向接班人员或值班人员详细介绍轨道车运用状态、运行日志记录等情况，办理轨道车钥匙、燃料、工具备品、防寒及轨道车行车安全装备等交接手续。

11 其他地点交车作业

轨道车到达交车地点停车后，单阀置全制位，自阀置常用制动区，断开轨道车控制开关，换向开关置中立位，将各开关置于规定位置，夜间关闭头灯和辅照灯，开启两端防护灯。需要停机时，须拧紧手制动机和放置止轮器，做好防溜措施。

交班乘务员将本班作业中出现的轨道车质量问题及油脂储备量、工具备品情况等填写在轨道车运行日志中。

12 退勤作业

12.1 指定位置停车

轨道车作业完毕后，司机按作业票要求或调度指示将轨道车停放到指定位置。轨道车到达指定位置后，应确认线路坡道情况，尽量避开坡道、曲线或道岔位置停车。停车后，司机、副司机拧紧全列手制动机，车辆两端对角放置止轮器，严格按要求检查并确认防溜措施正确无误。

12.2 设置防盗止轮器

由于线路及施工原因，轨道车在坡道停车或长时间停放时，副司机应按规定设置防盗止轮器。设置防盗止轮器时，相关人员必须穿戴好防护用品，戴好手套，防止夹手；车辆必须处于制动状态；司机不得离开驾驶室操作台，时刻检查各风表风压。具体操作时，先将止轮器安放在轮对下，贴紧轮对，将止轮器锁闭器安装在止轮器另一头，用内六角扳手将锁闭器螺丝锁紧。防盗止轮器设置完毕后，使用对讲机通知司机缓解列车，压实止轮器。如图 2.55 所示。

图 2.55

12.3　拧紧全列手制动机

防盗止轮器设置好后，副司机按规定拧紧全列手制动机，拧紧手制动机时应确保手制动作用良好，制动有效。如图 2.56 所示。

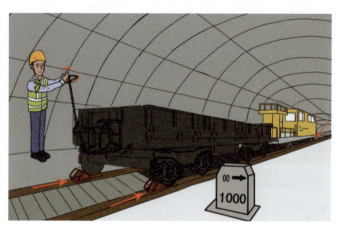

图 2.56

12.4　轨道车检查

司机确认防溜措施无误后，副司机排放各风缸、油水分离器中的积水、油污、尘土、锈垢等。检查并确认轨道车各管路、风缸、阀件无漏风现象，发动机、变速箱、各齿轮箱无漏油、漏水现象，各机件无丢失、破损。检查燃油箱油量，做好记录。冬季做好机车防寒工作。如图 2.57 所示。

图 2.57

12.5　移动摄像头的摘解、检查与放置

轨道车检查完毕后，副司机将推进方向的移动摄像头拆除，将平板重载连接器与移动摄像头插头摘开，检查并确认平板重载连接器安装牢固后，扣好防尘罩，并将移动摄像头放到驾驶室内指定的位置，防止丢失，影响使用，如图 2.58 所示。检查移动摄像头外部有无变形，大灯、红外摄像头螺丝有无松动，位置角度是否正确，在行车日志上做好记录。

图 2.58

12.6　轨道车二次检查

司机、副司机共同检查车辆防溜设置情况及各部状态，制动缸活塞行程应符合标准，制动拉杆各圆销应油润良好，司机将车内防溜揭示牌放置为防溜已设置位置。如图 2.59 所示。

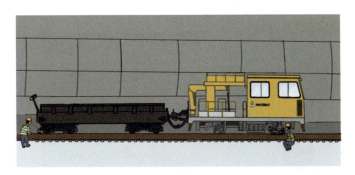

图 2.59

12.7 轨道车清洁保养

对轨道车、车辆防溜措施及各部状态检查完毕后，正、副司机对轨道车各部进行清洁保养，各工具、用具、物品定置安放。如图 2.60 所示。

图 2.60

12.8 填写相关表报

轨道车清洁保养、设备检查完毕后，司机应按公司要求填写工作日志、交接班记录本、防溜揭示簿、灭火器检查记录表。工作日志的填写内容为：车辆的最终停放地点、停放时间，收车后的检查中有什么问题。对于发现的问题，能处理的及时处理，不能处理的及时上报。交接班记录本的填写内容为：接车时间、交接车时车辆存在的问题、交车时间、车内安全备品、工具等。防溜揭示簿的填写内容为：止轮器设置数量、位置、设置人、设置时间。灭火器检查记录表的填写内容为检查日期及灭火器状态是否良好。如图 2.61 所示。

图 2.61

12.9　收车检查

司机对工作日志、防溜揭示簿、交接班记录本、灭火器检查记录表按规定填写完毕后，将各翘板开关关闭，检查并确认车内窗户已全部关闭、机车手制动机已拧紧后，拔出司机 IC 卡，关闭机车总电源，锁闭车门，做好防盗工作。如图 2.62 所示。

图 2.62

12.10　班组汇报

各项收车作业完毕后，司机向班组长汇报当天工作情况，主要汇报轨道车及车辆编号、停放地点、停放时间，燃油剩余量、有无备用燃油、止轮器设置位置及数量、当天作业中存在的问题。如图 2.63 所示。

图 2.63

12.11　无固定交接班地点的交接班

没有固定交接班地点时，交接班双方应提前电话沟通，确认好交接班地点及交接班关键内容。

附录 A　轨道车司乘人员呼唤应答用语和手比方式标准

A.1　三项基本原则

为保证正确作业和安全行车，轨道车（作业车）（动车组）乘务员在进行作业的同时，必须认真执行呼唤应答用语和手比方式标准。执行呼唤应答和手比方式标准应遵循 3 项基本原则：

（1）属于作业类注意安全的呼唤，应遵循"先呼唤后作业"的原则；

（2）属于瞭望确认类的呼唤和手比，应遵循"彻底瞭望、确认信号、准确呼唤、手比眼看"的原则；

（3）属于信号、标志类的呼唤和手比，应遵循"信号好了不早呼、信号未好提前呼、呼唤为主、手比为辅"的原则。

A.2　标准手比方式

司机与学习司机组成的机班和两个司机组成的机班在共同作业时，执行本标准。在作业时，分别根据值乘的轨道车(作业车)类型和列车种类进行呼唤应答，具体如下。

（1）进站、进路、通过信号机显示通过时（绿灯或绿黄灯）：单臂拢拳曲伸，食指和中指向前直伸、平伸。

（2）进站和进路信号显示正向径路（正线）准备停车时（绿黄灯或一个黄灯）：单臂拢拳曲伸，大拇指向上直伸。

（3）进站和进路信号显示要求侧向（侧线）径路运行（显示双黄灯、黄闪黄）时：单臂拢拳曲伸，大拇指向上直伸，小拇指向下直伸。

（4）需要控制速度、注意警惕运行、需要加强注意减速、遇减速信号（绿黄灯或黄灯）时：单臂拢拳曲伸，举拳与眉齐。

（5）各种信号、标志、表示器等显示要求停车（包括固定和临时）和遇紧急情况要求停车时：单臂拢拳曲伸，上下急剧摇动不少于 3 次。

（6）各种信号、标志、表示器、手柄、开关、仪表、道岔、行车安全装备等目视检查确认良好（好了）时：单臂曲伸、五指并拢直伸，指向检查确认良好（好了）的对象。检查确认有问题（不好）时，按（4）手比方式执行；需要停车时，按（5）手比方式执行。

A.3　呼唤应答用语和手比方式

轨道车司乘人员呼唤应答用语和手比方式如表 A.1 所示。

表 A.1　轨道车司乘人员呼唤应答用语和手比方式

序号	呼唤时机及处所	呼唤者	呼唤标准用语	应答者	应答标准用语	复诵者	复诵标准用语	手比方式标准	备注
1	上下轨道车（作业车）、闭合电源开关、启动柴油机、升弓、制动机试验、电器试验等各种作业前需要注意人身、设备安全时	作业者	××注意安全	有关人员	注意安全			第（4）项手比方式	同时需要进行鸣笛等注意安全措施时，一并进行
2	手制动机或蓄能制动器松缓及检查		松缓手制动或蓄能制动		缓解好了		好了	第（6）项手比方式	确认前、后台手制动机或停车制动指示灯
3	需要检查确认行车安全装备时		行车安全装备检查		LKJ（ATP）、轨道车（作业车）信号、CIR（通信装置）、列尾装置开启、设置好了		LKJ（ATP）、轨道车（作业车）信号、CIR（通信装置）、列尾装置开启、设置好了	第（4）项手比方式	检查确认的同时呼唤手比
4	需要升受电弓及合主断路器时	操纵司机	准备升弓	二位或学习司机	升弓注意安全	操纵司机及添乘人员	升弓好了	第（4）项手比方式	对轨道车（作业车）外方高声呼唤并鸣笛，监视升弓、降弓全过程，确认各仪表显示正常
			合闸注意		网压××千伏控制电压××伏		闭合好了	第（4）、（6）项手比方式	
5	开启空气压缩机和状态确认		开启空压机		注意安全		开启好了	第（4）、（6）项手比方式	
6	需要降受电弓时		准备降弓		降弓注意安全		降弓好了	第（4）、（6）项手比方式	
7	需要进行电器动作（高、低压）试验时		电器或高压试验		注意安全		注意安全	第（4）项手比方式	
			试验完毕		各电器试验良好		好了	第（6）项手比方式	

续表

序号	呼唤时机及处所	呼唤者	呼唤标准用语	应答者	应答标准用语	复诵者	复诵标准用语	手比方式标准	备注
8	需要设置 LKJ 参数及速度、控制模式或转换控制模式时	操纵司机	输入或查询运行揭示	二位或学习司机	运行揭示××条,输入正确	操纵司机及添乘人员	好了	第(6)项手比方式	核对输入的揭示或参数与持有的书面揭示或编组内容相符,或确认监控模式设定正确后呼唤"好了"。学习(待乘)司机复检、确认、呼唤
			输入列车运行参数		××次、××吨、××辆、换长××等,输入好了		揭示××条	第(6)项手比方式	
			监控模式设置或转换		出(入)库模式或调车模式或正常监控模式等设置好了		好了	第(6)项手比方式	
9	始发或途中开启或转换轨道车(作业车)信号、通信模式时		轨道车(作业车)信号或通信开启或转换		轨道车(作业车)信号或通信开启或上(下)行转换好了		好了	第(6)项手比方式	确认开启或转换正确后,呼唤"好了"
10	轨道车(作业车)整备完毕准备出段时		准备出段,注意安全		准备好了		好了	第(6)项手比方式	
11	遇显示股道号码信号、道岔开通信号时		股道开通信号		××股开通好了或停车		××股开通好了或停车	第(6)或(5)项手比方式	距警冲标前(10±5)m 处停车要道还道
	扳道员显示手信号时		手信号		手信号"好了"或停车		手信号"好了"或停车		
12	需要确认道岔时		道岔注意		道岔好了或停车		好了或停车	第(4)、(6)、(5)项手比方式	必须逐个道岔呼唤
13	一度停车标前		一度停车		一度停车		停车	第(5)项手比方式	一度停车标前停车
14	签点标处		停车签点		注意安全		注意安全	第(4)项手比方式	下车注意人身安全
15	显示连挂手信号时	二位或学习司机	连挂信号好了或停车	操纵司机	连挂或停车	二位或学习司机	连挂注意控速或停车	第(6)或(5)项手比方式	确认连挂手信号后呼唤
16	更换司机室(换端)作业时		换端作业、注意安全		轨道车(作业车)(列车)全制动,降弓、各手柄、开关位置正确,门窗锁闭		换端作业好了	第(4)、(6)项手比方式	根据不同轨道车(作业车)型号的规定,轨道车(作业车)全制动并正确置各手柄、开关,电力轨道车(作业车)降弓,门窗锁闭等作业

续表

序号	呼唤时机及处所	呼唤者	呼唤标准用语	应答者	应答标准用语	复诵者	复诵标准用语	手比方式标准	备注
17	调车信号机显示一个月白色灯光	操纵司机	调车信号	待乘或学习司机	白灯好了	操纵司机	好了	第（6）项手比方式	由近及远逐个确认呼唤
	调车信号机显示一个月白色闪光灯光		调车信号		白闪灯溜放		溜放注意	第（4）项手比方式	
	调车信号机显示一个蓝色（红色）灯光		调车信号		蓝灯（红灯）停车		停车	第（5）项手比方式	
18	遇脱轨器、防护信号或车列前		防护信号注意或脱轨器注意		撤除好了或停车		好了或停车	第（4）、（6）或（5）项手比方式	发现就喊，谁先发现，谁先喊，最少确认呼唤时二者距离不少于100 m。停车留有10～20 m 的安全距离
	接近尽头线、车挡、站界标、接触网终点标		尽头线、车挡、站界标、接触网终点标注意		减速，保证安全距离停车		减速，保证安全距离停车	第（4）、（5）项手比方式	
19	列车制动机和列尾试验时	二位或学习司机	列车制动机试验，列尾试验	操纵司机	列车管减压××千帕，保压一分钟，列尾试验				司机记录列车管充、排风时间，并与列车编组情况进行核对
			缓解		缓解				
			列车制动机试验好了		列车制动机试验好了，列尾试验好了			第（6）项手比方式	
20	接到行车凭证或调度命令时	操纵司机	××调度命令、××路票、××许可证好了或不对	待乘或学习司机	××调度命令、××路票、××许可证好了或不对			第（6）或（5）项手比方式	接各种书面凭证，司机阅读全部内容，学习（二位）司机复诵，确认正确后呼唤
21	在停车站前一架信号机，检查确认监控装置显示距离是否正确	二位或学习司机	确认监控距离	操纵司机	显示正确	二位或学习司机	显示正确	第（6）项手比方式	发现误差及时采取措施进行调整
					调整误差		调整误差		

续表

序号	呼唤时机及处所	呼唤者	呼唤标准用语	应答者	应答标准用语	复诵者	复诵标准用语	手比方式标准	备注
22	出站信号机显示一个绿色灯光	二位或学习司机	出站信号	操纵司机	绿灯通过	二位或学习司机	绿灯通过	第（1）项手比方式	出站信号显示一个黄色灯光，通过的特快旅客列车呼唤"停车"（特殊规定除外）；显示两个绿色灯光呼唤"××方向出站好了"
	出站信号机显示一个绿色灯光和一个黄色灯光		出站信号		绿黄灯注意控速		注意控速	第（4）项手比方式	
	出站信号机显示一个黄色灯光		出站信号		黄灯减速		减速	第（4）项手比方式	
	出站信号机显示一个红色灯光		出站信号		红灯停车		停车	第（5）项手比方式	
	出站信号机显示两个绿色灯光		出站信号		双绿灯××方向出站好了		××方向出站好了	第（6）项手比方式	
	出站信号机显示一个月白灯光（兼做调车信号机）		出站信号		白灯，调车信号好了		调车信号好了	第（6）项手比方式	
23	发车进路信号机显示一个绿色灯光	二位或学习司机	发车进路信号	操纵司机	绿灯通过	二位或学习司机	通过	第（1）项手比方式	
	发车进路信号机显示一个绿色灯光和一个黄色灯光		发车进路信号		绿黄灯注意控速		注意控速	第（4）项手比方式	
	发车进路信号机显示一个黄色灯光		发车进路信号		黄灯减速		减速	第（4）项手比方式	
	发车进路信号机显示一个红色灯光		发车进路信号		红灯停车		停车	第（5）项手比方式	
24	进路表示器		进路表示器		××侧××方向好了注意速度		××侧××方向好了注意速度	第（6）、（4）项手比方式	
25	显示列车发车信号时		发车信号		发车好了		发车好了	第（6）项手比方式	行车凭证、发车表示器正确或发车手信号三圈以上后呼唤
	接到电话发车通知				××次×道发车好了		××次×道发车好了		
	列车启动需要后部瞭望时		后部瞭望		前方注意，后部瞭望，后部好了		前方注意，后部瞭望，后部好了	第（6）项手比方式	站台侧先后部瞭望
26	需要检查确认操纵台仪表和各手柄、开关位置时		仪表注意		显示正常		显示正常	第（6）项手比方式	二位或学习司机确认本侧正常后复诵
27	对标开车时		对标按压开车键		按压好了		好了	第（6）项手比方式	

续表

序号	呼唤时机及处所	呼唤者	呼唤标准用语	应答者	应答标准用语	复诵者	复诵标准用语	手比方式标准	备注
28	记点及需要瞭望交接和前方有紧急情况时	需要者	前方注意	其他人员	前方注意			第（4）项手比方式	发现有情况或需要瞭望交接者可先呼唤
29	列车制动贯通试验时		列车制动贯通试验		贯通试验贯通试验好了		贯通试验好了	第（6）项手比方式	贯通试验良好后应答"贯通试验好了"
30	查询列尾时		列尾查询		尾部风压××千帕，显示一致		好了	第（6）项手比方式	按压查询键，确认一致后应答
31	CIR（通信装置）发布、接收信息时		接收信息		前方注意接收信息		前方注意	第（4）项手比方式	接收信息后阅读并通知全员
32	减速信号前	二位或学习司机	慢行注意	操纵司机	限速××公里	二位或学习司机	限速××公里	第（4）项手比方式	若制动调速缓解后待乘（学习）司机应呼唤"仪表注意"
33	慢行终端标处		慢行好了		慢行好了		好了	第（6）项手比方式	轨道车（作业车）到达慢行终端标后呼唤
34	接近防洪地点标前		防洪地点注意		注意控速		控速	第（4）项手比方式	在防洪期间呼唤确认
35	禁止双弓标前		禁止双弓		单弓好了		好了	第（6）项手比方式	轨道车（作业车）到达禁止双弓标前呼唤
	断电标前		断电注意		断电好了		好了	第（6）项手比方式	按规定地点断电
	合电标前		闭合注意		闭合好了		好了	第（4）、（6）项手比方式	闭合后确认仪表、各辅机启动正常
36	准备降弓标处		准备降弓		准备降弓			第（4）、（6）项手比方式	轨道车（作业车）到达准备降弓标处呼唤
	降弓标或降弓手信号前		降弓注意		降弓好了		降弓好了	第（4）、（6）项手比方式	降弓后确认网压及受电弓状态
	升弓标或升弓手信号处		升弓注意		升弓好了		升弓好了	第（4）、（6）项手比方式	升弓后确认网压及受电弓状态
37	需要机械间巡视时		机械间巡视		注意安全		注意安全	第（4）项手比方式	机械间巡视检查前和检查后汇报
	巡视完毕后		各部检查正常		好了			第（6）项手比方式	

续表

序号	呼唤时机及处所	呼唤者	呼唤标准用语	应答者	应答标准用语	复诵者	复诵标准用语	手比方式标准	备注
38	通过信号机显示一个绿色灯光	二位或学习司机	通过信号	操纵司机	绿灯通过	二位或学习司机	通过	第（1）项手比方式	列车运行监控装置、无线调度通信设备、轨道车（作业车）信号等行车安全装备全部开启并作用良好时，自动闭塞分区通过信号机显示绿色灯光可不呼唤，只进行手比
	通过信号机显示一个绿色灯光和一个黄色灯光		通过信号		绿黄灯注意控速		注意控速	第（4）项手比方式	
	通过信号机显示一个黄色灯光		通过信号		黄灯减速		注意减速	第（4）项手比方式	
	通过信号机显示一个红色灯光		通过信号		红灯停车		红灯停车	第（5）项手比方式	
39	线路所通过信号机		线路所通过信号		绿灯通过黄灯减速双黄灯侧线，限速××公里红灯停车		通过减速侧线，限速××公里红灯停车	第（1）、（3）、（4）、（5）项手比方式	
40	遮断预告信号机显示黄灯时		遮断预告信号		黄灯减速		减速	第（4）项手比方式	遮断信号机不亮灯时不呼喊
	遮断信号机显示红灯时		遮断信号		红灯停车		停车	第（5）项手比方式	
41	预告信号机显示一个绿色灯光		预告信号		预告好了		预告好了	第（6）项手比方式	
	预告信号机显示一个黄色灯光		预告信号		黄灯减速		减速	第（4）项手比方式	
42	复示信号机		复示信号		复示好了注意信号		复示好了注意信号	第（6）、（4）项手比方式	
					直向好了		直向	第（2）项手比方式	
					侧向注意速度		注意速度	第（3）、（4）项手比方式	
43	进站信号机显示一个绿色灯光		进站信号		绿灯通过		通过	第（1）项手比方式	
	进站信号机显示一个绿色灯光和一个黄色灯光		进站信号		绿黄灯注意控速		控制速度	第（4）项手比方式	
	进站信号机显示一个黄色灯光		进站信号		黄灯正线减速		减速	第（2）、（4）项手比方式	
	进站信号机显示两个黄色灯光		进站信号		双黄灯侧线，限速××公里		限速××公里	第（3）项手比方式	
	进站信号机显示一个黄色闪光和一个黄色灯光		进站信号		黄闪黄灯侧线，限速××公里		限速××公里	第（3）项手比方式	
	进站信号机显示一个红色灯光		进站信号		红灯停车		停车	第（5）项手比方式	

续表

序号	呼唤时机及处所	呼唤者	呼唤标准用语	应答者	应答标准用语	复诵者	复诵标准用语	手比方式标准	备注
44	接车进路信号机显示一个绿色灯光	二位或学习司机	进路信号	操纵司机	绿灯通过	二位或学习司机	通过	第（1）项手比方式	
	接车进路信号机显示一个绿色灯光和一个黄色灯光		进路信号		绿黄灯注意控速		控制速度	第（4）项手比方式	
	接车进路信号机显示一个黄色灯光		进路信号		黄灯正线减速		减速	第（2）、（4）项手比方式	
	接车进路信号机显示两个黄色灯光		进路信号		双黄灯侧线，限速××公里		限速×× 公里	第（3）项手比方式	
	接车进路信号机显示一个黄色闪光和一个黄色灯光		进路信号		黄闪黄灯侧线，限速××公里		限速×× 公里	第（3）项手比方式	
	接车进路信号机显示一个红色灯光		进路信号		红灯停车		停车	第（5）项手比方式	
45	需要输入进路编号的信号机前		输入支线号×× 输入侧线号××		××支线输入好了 ××道输入好了		××支线输入好了××道输入好了	第（6）项手比方式	输入支线、侧线编号，并复检确认呼唤
46	引导信号和引导手信号		引导信号		引导（手信号）信号好了或停车		信号好了或停车	第（6）或（5）项手比方式	引导信号为色灯或手信号时同样呼唤
47	通过手信号		通过手信号		通过手信号好了或站内停车		手信号好了或站内停车	第（1）或（5）项手比方式	
48	上下转盘	操纵司机	上下转盘（手）信号	二位或学习司机	（手）信号好了或停车	操纵司机	好了或停车	第（6）或（5）项手比方式	转盘前一度停车要道还道，并严守上下转盘的速度
49	调车作业中前进、后退、溜放、连挂、停车		前进后退溜放连挂停车		前进后退溜放连挂停车			第（6）、（5）项手比方式	
	显示十、五、三车距离信号时		十辆五辆三辆连挂停车		十辆注意速度五辆注意减速三辆注意停车连挂注意安全停车			第（4）、（5）项手比方式	司机接到信号后鸣笛回示，并唱一钩干一钩
	连挂、溜放、牵出、推进等调车作业时		××股溜放连挂××股牵出推进		××股溜放连挂××股牵出推进			第（4）项手比方式	

续表

序号	呼唤时机及处所	呼唤者	呼唤标准用语	应答者	应答标准用语	复诵者	复诵标准用语	手比方式标准	备注
50	调车作业驼峰信号	操纵司机	绿灯	二位或学习司机	推进	操纵司机	推进	第（6）项手比方式	
			绿闪		加速推进		加速推进		
			黄灯		预推		预推		
			黄闪		减速推进		减速推进		
			月白灯		下峰		下峰		
			月白闪		去禁溜线严守速度		严守速度	第（4）项手比方式	
			红灯		停车		停车	第（5）项手比方式	
			红闪		后退		后退	第（6）项手比方式	

附录 B　轨道车司机一次出乘作业关键点提示卡

B.1　待乘

关键点：出乘前必须充分休息，8 小时内不得饮酒。担任夜班司机不得少于 4 小时卧床休息。

B.2　出乘

关键点 1：出乘时，必须携带相关证件，按标准着装。

关键点 2：轨道车班组长组织出乘司机进行班前点名和班前预想。

关键点 3：司机出乘必须携带调度命令和作业票，认真核对作业内容、运行区段、作业时间等内容，并摘抄到《轨道车行车日志》上。

B.3　出乘整备

关键点 1：开启视频监控装置，检查并确认视频监控系统工作正常。

关键点 2：进行全列制动试验，确认后部设备制动良好。

关键点 3：动车前，必须确认止轮器全部撤除，手制动机彻底缓解。

B.4　途中运行

关键点 1：运行前对设备装载、绑扎情况进行确认，要求不偏载、不超限，绑扎牢固。

关键点 2：施工线路道岔未实行电操前，通过道岔执行"一度停车、下车确认"制度，确保道岔密贴、锁闭良好。

关键点 3：停车超过 30 min 再开车时，必须进行简略试验。

关键点 4：值乘中，司机必须坚守岗位，不准擅自离开驾驶室。

关键点 5：运行过程中严格按限速运行，不得超速行驶。

关键点 6：推进运行时将移动摄像头安装在运行前端指定位置，并由引导人员携带对讲机在车组前端进行引导。

关键点 7：下坡道运行时，要实时使用制动机，严禁空挡溜放。

关键点 8：车组实施分解时，要做到"一关前、二关后、三摘风管、四提钩"。在坡度超过 6‰ 的线路上，不得无动力停留机车车辆。

关键点 9：停留车辆防溜措施：下坡端设置双止轮器并轧实，拧紧全部手制动机。

关键点 10：车辆连挂作业，遵守"坡下车挂坡上车、轻车挂重车"原则，严格控制车速并执行一度停车制度。连挂完毕后进行试拉，接通全部制动软管，并进行全列制动试验。

关键点 11：进行材料装载时，必须按规定设置好防溜措施（拧紧手制动机，打好止轮器，防溜揭示牌设置为防溜已设置状态）。

关键点 12：车组运行过程中，遇到侵限物体必须停车处理后再通过。

关键点 13：车辆运行时，作业平台、随车吊、平板吊、轨道起重车支腿、吊臂等机构必须归位锁定。

B.5　收车作业

关键点 1：根据调度命令要求，车组停放到指定位置。

关键点 2：拧紧全列手制动机，安放好止轮器并轧实，当车组在长大坡道停车或车组长时间停放时，要使用防盗止轮器设置防溜措施。

附录 C 车辆技术检查

C.1 车辆技术检查项目顺序示意图

车辆技术检查项目顺序示意图如图 C.1 所示。

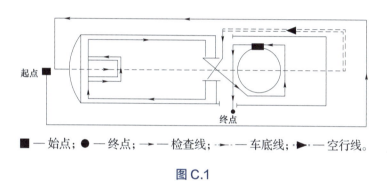

■ —始点；● —终点；→ —检查线；⇢ —车底线；▶ —空行线。

图 C.1

线路检查，以前部大钩为始点，向右侧检查。先车下，后车上，车下先四周，后地沟；车上先机械，后机具，再备品。

C.2 车辆技术检查顺序及项目

（1）检查防溜措施。

（2）风挡玻璃无破损，刮雨器良好，灯光齐全，百叶窗作用良好。

（3）排障器无变形，距轨面高度符合 90~130 mm 的距离要求；扫石器距轨面高度符合 20~25 mm 的距离要求，安装牢固，无破损。

（4）车钩钩舌、钩销动作良好，润滑到位，全开位 220~250 mm，闭锁位 110~130 mm，三态作用良好，车钩中心线距轨面距离应符合 845~890 mm 的距离要求。

（5）折角塞门灵活、有效，制动软管无漏风、老化，校验期符合规定（不超过六个月）。

（6）排障器支架、踏板安装牢固，无开焊、裂纹。

（7）侧窗完好、无破损，侧风门良好。局、段、号标识齐全。

（8）空气压缩机机架无裂损，安装牢固，螺栓无松动。风扇叶无裂损，皮带张力符合要求。调压阀、减荷阀安装牢固，管路无泄漏，润滑油的油面高度符合要求。

（9）均衡风缸、风管无漏风；排污阀无松漏，动作灵活，无堵塞。

（10）发动机散热器连接胶管、放水阀无松漏，作用良好。

（11）机车信号感应器安装牢固，固定架无开焊，螺母、开口销齐全且完好，接线无破损、松脱。

（12）空气压缩机滤清器安装牢固，卡箍无变形，螺栓无松动。

（13）车架无变形、无裂纹。

（14）抓轨器安装牢固，螺母紧固、无松动，开口销齐全、无丢失。

（15）液压减震器无变形、破损、漏油，减震器座无裂纹，上穿销、下穿销、螺母垫圈、开口销齐全且良好。

（16）上下拉杆及底座、上下弹簧座及内外弹簧无裂损。旁承间隙符合标准。

（17）车轮无裂痕、碾堆，踏面无剥离、掉块，擦伤不超限。

（18）轴箱端盖螺栓齐全、紧固，内外油封无漏油，箱体完好、无裂损。

（19）闸瓦安装正确，无裂损、偏磨，闸瓦托、闸瓦钎、安全环良好，闸瓦与车轮踏面缓解间隙在 3~8 mm 之间，高磷闸瓦剩余厚度不小于 17 mm，低磨合成闸瓦剩余厚度不小于 14 mm，砂箱、撒砂管良好。

（20）速度传感器安装牢固，接线无松动、破损、脱落。

（21）燃油箱箱体清洁，无变形、破损，支架牢固、无开焊，加油口盖严密。

（22）总风缸、安全阀、油水分离器、减压阀安装牢固，管路无泄漏，排污阀动作灵活、无堵塞。

（23）蓄电池箱外观清洁、完整，无变形，箱盖关闭完好。蓄电池清洁，气孔畅通，液面符合规定，接线密贴。

（24）电源总开关安装牢固，接线无松脱、破损。

（25）制动缸、制动杆、各穿销、垫圈、开口销齐全且完好，安装牢固，制动缸端盖螺栓齐全、无松动，制动主管无松动、无漏风，制动缸活塞行程符合技术要求。

（26）手制动棘轮良好，拉杆、拉链完好，垫圈、开口销齐全。

（27）配电箱螺栓无松动，接线良好。

（28）机油散热器、油水分离器管路无渗漏，安装牢固。

（29）消声器安装牢固，作用良好。

（30）喇叭及风管安装牢固，无漏风。

（31）发动机散热器安装牢固、无渗漏，螺栓无松动。

（32）进排气管路无漏气，连接良好。

（33）水泵皮带轮、压轮、涨轮不松旷，润滑良好，无异响。发动机油箱底壳无破损，螺栓紧固，无渗漏。

（34）车轴无裂纹，迟缓线清晰。

（35）车轴齿轮箱各部螺栓紧固，油面高度符合要求，吊架悬挂装置弹簧无断裂。

（36）变速箱、换向箱各部螺丝紧固，油面高度符合要求，无渗漏。

（37）传动轴无断裂、变形，十字轴润滑良好，安全托架牢固，螺栓紧固。

（38）基础制动杠杆、拉杆无弯曲、变形、裂纹，润滑良好，各部销钉、垫圈、开口销、安全吊链齐全。

（39）三通阀、副风缸固定螺栓紧固，作用良好，无漏风。

（40）平台中心回转装置管路连接良好，无渗漏。

（41）发动机清洁，无渗漏。燃油、冷却水符合要求。

（42）风扇无松旷，皮带张力符合规定。

（43）发动机润滑油的油面符合规定。

（44）起动机、发电机、电气设备接线正确，接触良好。

（45）燃油系滤清器、输油泵、高压泵、连接管路无渗漏。

（46）机油滤清器管路连接良好，无渗漏。旋转粗滤器符合规定。

（47）发动机起动、运转正常，无异响。

（48）发动机各仪表读数显示正确，指示灯显示正常。

（49）手制动机、自动制动机手柄操纵灵活、可靠。

（50）各部开关、电器部件作用良好。

（51）"三项设备"运用良好。各安全监控视频设备、接线、安装、作用良好。

（52）液压油无变质，滤清器、电磁阀、手动换向阀作用良好。

（53）随车起重机作用良好，操作灵活，液压管路无渗漏，各部润滑到位，钢丝绳无硬伤、散股、断股。

（54）随车发电机组运转良好，箱体安装牢固。

（55）作业平台旋转机构润滑到位，限位开关完好、有效。

（56）液压制动油缸制动状态良好，制动带无破损、无油污。

（57）作业平台无变形，各部螺栓紧固、无松动。扶梯栏杆无断裂、开焊，升降、旋转灵活。导线支撑、测量、引导装置润滑良好，无锈蚀，无变形。

（58）作业平台各控制开关及报警装置有效，照明良好。

（59）平衡阀、升降油缸无渗漏，链条、钢丝绳无断裂。

（60）滑块安装牢固，磨损不超限，滑道润滑良好。

附录 D H-6 型制动机"三步闸"检验

D.1 H-6 型制动机"三步闸"检验示意图

H-6 型制动机"三步闸"检验示意图如图 D.1 所示。

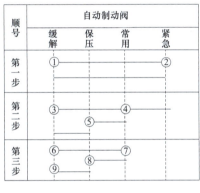

图 D.1

D.2 H-6 型制动机"三步闸"检验项目及操作标准

1. 第一步

1）缓解位（①）

列车管压力 500 kPa；均衡风缸压力 500 kPa；总风缸压力 700~800 kPa；制动缸压力为 0 kPa。

2）紧急制动位（②）

（1）列车管压力在 3 s 内降为 0。

（2）均衡风缸压力在 12 s 内降为 0。

（3）制动位停留 15 s。

2. 第二步

3）恢复缓解位（③）

1 min 内均衡风缸、列车管、总风缸恢复规定压力。

4）常用制动位（④）

（1）减压 50 kPa。

（2）检查并确认均衡风缸、列车管减压是否一致。

（3）制动缸行程处于制动状态。

5）保压位（⑤）

（1）检查并确认列车管泄漏速度不超过 20 kPa/min。

（2）保持 1 min 以上。

3. 第三步

6）恢复缓减位（⑥）

30 s 内总风缸、列车管、均衡风缸、制动缸达到定压。

7）常用制动位（⑦）

（1）自动制动阀施行最大有效减压，制动主管减压 140 kPa。

（2）不得出现非常制动现象。

（3）检查并确认均衡风缸、列车管压力是否一致。

（4）检查并确认制动缸压力是否达到 350 kPa。

8）保压位（⑧）

（1）检查并确认均衡风缸压力、列车管压力、制动缸压力与最大有效减压量相符。

（2）不得出现自缓现象。

（3）制动缸行程为 90 ～ 120 mm。

9）缓解位（⑨）

（1）检查并确认各压力表恢复缓解位①状态。

（2）检查并确认缓解是否良好。

附录 E　JZ-7 型制动机"五步闸"检验

E.1　JZ-7 型制动机"五步闸"检验示意图

JZ-7 型制动机"五步闸"检验示意图如图 E.1 所示。

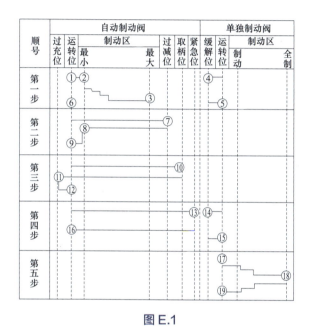

图 E.1

E.2　JZ-7 型制动机"五步闸"检验项目及操作标准

在下面的介绍中，自动制动阀简称自阀，单独制动阀简称单阀。

1. 第一步

① 检查并确认自阀、单阀手柄均在运转位，客货转换阀手柄应在货车位，确认压力表指针指示压力：总风缸压力为 700~800 kPa，工作风缸、均衡风缸及列车管压力为 500 kPa，制动缸压力为 0。

② 自阀由运转位移置制动区最小减压位。

列车管减压 50 kPa，制动缸压力上升为 125 kPa；保压 1 min，检查列车管漏泄量，其压力下降速度不超过 20 kPa/min。

③ 自阀分三到四次移置制动区最大减压位，观察阶段制动是否稳定，减压量与制动缸压力的比例是否正确，至最大减压位时列车管减压量应为 140 kPa，制动缸压力应为 360 kPa。

④ 单阀手柄单独移置缓解位，检查单阀缓解作用是否良好，制动缸压力应能缓解至 50 kPa 以下。

⑤ 检查复原弹簧作用是否良好。

⑥ 自阀手柄由制动区最大减压位移回运转位，检查自阀缓解作用是否良好。工作风缸、均衡风缸及列车管是否恢复定压。

2. 第二步

⑦ 自阀手柄移置过减位。检查均衡风缸及列车管压力，均应减压 260 kPa，制动缸压力为 360 kPa，不应发生紧急制动。

⑧ 自阀手柄由过减位移置制动区最小减压位。检查均衡风缸压力是否上升、列车管压力保持不变，总风遮断阀作用是否良好。

⑨ 自阀手柄移置运转位。检查缓解作用是否良好，各压力表压力应恢复正常。

3. 第三步

⑩ 自阀手柄移置取柄位。检查均衡风缸是否减压 260 kPa、列车管不减压，检查中继阀自锁作用是否良好。

⑪ 自阀手柄移置过充位。检查过充作用是否良好，列车管应得到比规定压力高 40 kPa 的过充压力，过充风缸上的排风孔应排风，工作风缸也应该有过充现象。

⑫ 自阀手柄移置运转位。列车管内的过充压力 122 s 以后自动消除，且机车不应起自然制动。

4. 第四步

⑬ 自阀手柄移置紧急位。列车管压力 3 s 内降至 0 kPa，制动缸压力在 7 s 内升到 450 kPa，均衡风缸减压量为 260 kPa，撒砂装置自动撒砂。

⑭ 单阀手柄移置缓解位。15 s 内制动缸压力开始缓解，并逐渐减到 0 kPa。工作风缸压力也应下降为 0 kPa。

⑮ 检查单阀复原弹簧作用是否良好。制动缸压力不应回升。

⑯ 自阀手柄移回运转位。检查缓解作用是否良好，各压力表压力恢复正常，同时检查工作风缸压力升至 480 kPa 的时间是否在 50 s 内。

5. 第五步

⑰ 单阀手柄移至制动区某处，检查单独制动作用是否良好，制动缸压力应回升。

⑱ 单阀手柄在制动区分 2~3 阶段移至制动区全制位，检查单阀阶段制动作用是否稳定，制动缸压力应达到 300 kPa。

⑲ 单阀手柄从全制位分 2~3 阶段移回运转位，检查单阀阶段缓解作用是否稳定。